一神教が戦争を起こす理由

世界史で読み解く日米開戦

関野通夫

ハート出版

はじめに

日本国憲法が、現在有効か無効かの議論は一先ず置くとしても、その成立については、占領軍が権力を持ち、国民は主権を持たず、かつ30項目の報道規制があり、憲法を本質的に論ずることは禁止されていたという非民主的な環境において成立した、つまり戦時国際法43条に違反したものであることに間違いありません。

にもかかわらず、日本人は不作為の故、独立後70年近く憲法に手を触れることなく放置してきました。日本に長年滞在するアメリカ人の学者ジェイソン・モーガン氏は、平成28（２０１６）年刊行の著書『アメリカはなぜ日本を見下すのか』（ワニブックス）の中で「いや9条だけではない、憲法自体がダメだ。こんなものはさっさと破ってゴミ箱に投げ捨てた方がいいと思う」とか、「それが２０１６年の現在まで続いているという事実は、誤解を恐れずに言えば、日本の恥である」などと書いています。

その一方で、改憲派と言われる日本人の中には、憲法のある条項あるいは一項を改訂するというようなミクロ的そして矮小化した改憲論を唱える人が多いのです。これでは、護憲派の土俵に乗ってしまっており、いつまでも生ぬるい議論を続けるだけで、本当に日本が必要とする憲法など生まれるはずはありません。この辺が、如何にもミクロの議論に走り本質的な議論をしない日本人であり、この本で論じる、一神教の欧米人などと違う思考をする日本人の問題点なのです。

私が工学部の出でありながら、文明・文化論に興味を持つようになったのは、昭和50（1975）年に初めての駐在先としてフランスに行ったことがきっかけとも言えます。比較的狭い地域に多くの国、民族が住んでおり、当然幾つかの異なる文化を体験しました。特にあるフランス人部下との雑談の中で、彼が言ったのは「イギリス人はヨーロッパ人ではない。我々フランス人は、イギリス人の考え方がまったく理解できない。フランス人は原理主義者（いわゆるカルテジアン）（注1）だが、イギリス人は、結果良ければそれで良しとするプラグマティストだ」でした。当時は、イギリス人に聞いても、自分たちはヨーロッパ人ではないと認識していました。イギリスが、ＥＵ離脱の第一走者になりそうなことは偶然とは思えません。

英仏と言えば、泳いで渡る人もいるほど狭いドーヴァー海峡を隔てていますが、11世紀には、フランス側のノルマンディー地方の王様がイングランドを征服し（ノルマン・コンクエスト）イングランドの王様になりました。この時、相当量のフランス語が英語に入りました。

古くは、ローマがイングランドを征服し2世紀には、ケルト族のスコットランドとの間にハドリアヌスの長城(Hadrian Wall)（注2）を築きました。イギリス、少なくともイングランドには、ヨーロッパの文化が相当伝わったはずですが、それでもお互いの考え方が理解を超えるというほどの考え方の差があるということは、土着の文化は中々消えないことを示しています。そんなところから、私は文化の違い（比較文化）に強い興味を持ち続けています。

私が、フランスやアメリカで仕事をして、一番頻繁に聞いた言葉は、「それは私のミスではない」であり、カルロス・ゴーンが「私は無実だ」と言い張るのは、そんな流れの中にありますが、日本人は、すぐに「済みません」と謝ります。

慰安婦問題でも、駐米日本大使などが「日本は何度も謝ってきた」といったことを語る一方で、「韓国などが言う慰安婦問題は無い」などと言うものだから、国連の人権関係の委員会でその矛盾を指摘されることになるのです。

これは、私は基本的な文化の差によるものであると思います。それを理解するためには、紀元前に発生した厳しい一神教のユダヤ教の思想まで遡り、日本人の多神教的思考と比較してみる必要があると思います。日米戦争は、一種の「文明の衝突」でもありました。

日本人の思考形態は、世界の文明国の中では、かなり特異です。その主原因は、日本人が多神教あるいは汎神論であることによることが大きいと思います。一神教ではないので、宗教の違いによる大きな戦争は起こしませんが、その代わり、あまり物事の原理原則を考えず議論もしません。これでは、世界の外交戦で勝ち目はありません。世界の文明国は、日本を除いて、ほとんどが一神教だからです。中華人民共和国は共産党の一党独裁ですから、一神教の国と言ってもいいでしょう。

そこで、重要な外国との関係・出来事について、日本を戦争の泥沼に誘い込むのに、それぞれの出来事が、どのような役割を果たしたかを、文明論的な視点とアメリカ人に相当な影響を与えていると思われる宗教思想上の観点からも考えてみる必要があると考え、通史的な考察を加えました。

日本のマスコミあるいは言論界は、WGIP（ウォーギルト・インフォメーション・プログラム）の洗脳工作による自虐思想が深く浸透し、日本が関係した外交的事件は、特に悪い結果になったことは、すべて日本の意向によって支配されたように見て日本悪者説を流布します。この本では、そのような考え方を廃し、より公平で客観的な見方をします。

邦訳本が平成9（1997）年に出たC・ハムデン・ターナーとA・トロンペナールスの共著『七つの資本主義（原題：The Seven Cultures of Capitalism）』（日本経済新聞社）の結語の初めに「人々は、自らを育んでくれた文化というものから、決して本当の意味で自由になることはできない。本書の著者である我々は、二人ともアメリカの教育を受けており、したがって、アメリカ流の資本主義にさまざまな異議を唱えているとはいえ、本書はどこまでもアメリカ的である。本書の考え方はアメリカ的な企業運営のやり方の枠にとらわれていないといってカも、われわれ二人とも、新世界のアメリカン・ドリームに共感を抱いている」と書いています。

私が本書で最も力を入れて書いたのは、ペリーやフランクリン・ルーズヴェルトそしてマッカーサーが直接的、あるいは間接的に日本に与えた影響ですが、彼らのことを論じるには、その背景にあるキリスト教の考え方、更にその背景にあるユダヤ教の考え方やギリシャ・ローマの人たちの思想まで立ち入る必要があると考え、関係する著作や旧約聖書から話を始めました。

明治維新以降約150年、日本人は激動する世界と日本を経験してきました。その中でもペリー来航以来、アメリカが深く関わってきました。日本の運命は、アメリカという主変数と支那（中国）（注3）という副次的変数が織りなす布のようなところがあります。そして、アメリカ人の行動に大きな影響を与えたユダヤ教とキリスト教の複雑な関係についても論考します。

ペリーも含むアメリカ人、あるいは日本人を論じるには、その宗教的な意識（潜在意識も含む）文明・文化に考察を深める必要があると思います。そして、文明論・文化論というものを考えて見る必要があると考えるようになりました。初めに、サミュエル・ハンチントンの『文明の衝突』を再読し、その中のポイントを考えることにしました。そして旧約聖書』ユダヤの律法、そしてイエス・キリストの思想と現在のキリスト教徒の思想まで考察を深める必要があると思うようになりました。旧約聖書とキリスト教の関係については、畏友・中村敏幸氏の考察を大いに参考にしました。

最近、フーヴァー元大統領の回想録『裏切られた自由（原題：Freedom Betrayed）上・下』（草思社）という本が出版され、そこでフーヴァーが、「あの戦争（第二次世界大戦）は、一人の狂人（フランクリン・ルーズヴェルト）が起こしたものだ」と言ったことが明らかになったことで、この戦争についての「日本悪者説」は、アメリカ人の中でも崩壊しつつあります。

また平成30（２０１８）年8月12日には、従来、東京裁判史観に浸っていたと思われたテレビ朝日が、まったく東京裁判史観とは正反対の史観で描かれたドラマ『真珠湾77年目の真実　日米ソ壮絶スパイ合戦　米国が先制攻撃　深海に眠る決定的証拠』を放映し、その数日後には、ＮＨＫがＢＳスペシャルとして、原爆の製造と投下について、学者や政治家が果たした役割を描いた番組を放映するなど、日本人の多くを洗脳してきたＷＧＩＰの影響も、やっと少しは解消しつつあるのかなと思われるようになりました。

物事は、良きにつけ悪しきにつけ、一直線には進まず、一進一退のような情況が続きつつ、気がつくと変わっているというものですが、最近の幾つかの事象は、洗脳された日本人の考え方も変わりだしたのかなと思えます。

本書は学者しか分からないような難しい知識を必要とせず、市井の普通の人でも歴史の真実とその深い背景を読み解けるように平易に書いてみました。詳細な専門的な内容ではなく、各出来事の基本的事実と歴史の中での位置づけに目を付け、どちらかというとマクロ的に事実を書くことにしました。特に保守思想を強調したわけではなく、事実を、できるだけ客観的に書いたつもりです。各々の出来事が日本に与えた影響、時により深刻な影響について書いたことを、通説や俗説に囚われずに読んで頂けば、自然に自虐思想から脱却できると確信します。

今回、本書の執筆に当たって西洋史を勉強してみましたが、つくづく感じたのは、ヨーロッパは、1つの地域に幾多の民族が出入りし興亡を繰り返したのに対し、島国日本は他国に侵略されることもなく、また移動してくるのも困難があり、ヨーロッパに比べて、まったく平穏無事に過ごしてきたことです。徳川時代の末に、アヘン戦争の話を聞いて危機感を抱いた先覚者がいたことは幸いでしたが、現在の日本人の脳天気な言動や、いくら警告しても続発する振り込め詐欺などの状況を見ると、WGIPの洗脳だけでない、過去の経験からくる日本人に染みついた脳天気さを考えざるを得ません。

私は3カ国に合計17年間住みましたが、特にその初期に自問自答したのは、日本人としての自分のアイデンティティーとは何かについてです。行き着いた結論は、「自分は皇室が存在する日本国の人間である」ということです。アイデンティティーの問題は、日本の中で、細かい屁理屈をこねくり回しているより、実際に海外で1年でも2年でも生活してみれば、自然に考えつくことだと思います。まともなアイデンティティーのない国民は不幸で、反日にそれを求めたりする根無し草のような存在になります。

最後に、やや私事になりますが、この本を書き始めた後で、母方の祖父である日比野正治海軍中将の講演あるいは執筆のための原稿を発見しました。本書で引用した論考は、昭和8（1933）年に祖父が書いた物ですが、最初のページがなくなっているため、何のために書いたのかを確定することはできません。

当時、祖父は米国駐在経験もあり、海軍部内では英語がかなり達者だと見られていたようでした。そのため、昭和4（1929）年度の練習艦隊の巡航時には、野村吉三郎司令官の通訳も兼ねて練習艦「浅間」の艦長を務め、司令官に従ってフーヴァー大統領との会食も経験しています。この論考を書いた時は、海軍省軍事普及部委員長（現在で言えば、広報部長か）であり、論考の内容は、祖父の個人的見解ではなく、海軍の公式見解であったと思います。そういう意味もあって、この論考は全面的に引用しました。内容のほとんどは、決して軍国主義的な偏向も無く、今読んでも妥当な内容であると思います（用語等は、現代語風に直してあります）。

ただし、内容が一部、事件発生の時系列が合わない点もあり、例えばヴェルサイユ会議から満洲事変までが先になり、ペリー来航に関係するアメリカの動きが後になっておりますが、本書では、ペリー来航に関係する部分を先に引用しております。

この本の出版が実現すれば、86年の時を隔てて祖父と孫の共著が実現することになり、感慨深いものになります。

そして最後に、この本を書いてみて思いだした格言について触れて見ます。それは、「神は細部に宿る」です。1つ1つの出来事は、それほど重大な意味を持つとは思えなくても、実は、一国の運命を左右するようなことが、日本の内外で発生しています。例を挙げると、桂―ハリマン協定の流産、排日移民法成立時のグレーブコンシークエンス事件、トラウトマンの和平工作時の蒋介石のちょっと過剰な欲、西安事件発生の際の蒋介石の、ちょっとした用心深さの欠如、そして国家の問題ではないのですが、小池百合子東京都知事が「排除」という言葉を使って、希望の党に吹いていた風を一気に止めてしまったことなど枚挙にいとまがありません。

本書は、大きなテーマである「日米戦は何故起きたか」を考える時に、世界の宗教や歴史を知ることによって深く、複眼的思考ができるように、ポイントになる宗教を含む歴史的事実を、書いています。そのため、読者が深みのある歴史観を得る助けになると期待します。

とかく日本人は、歴史というものを、どちらかというと、日本史は日本史、西洋史は西洋史、中国史は中国史として捉える傾向が強かったと思いますが、有るべき姿は、それらを常に関連づけて見ることです。それによって、より深い見方、そして複眼的な思考ができるようになると思います。そのためには、まず世界の歴史を知り、その文化や宗教を知る必要があります。

この本が、読者にとって有用な知識の充実のために、些かでも貢献できれば幸いです。

関野　通夫

（注1）カルテジアン：哲学者であり数学者でもあるルネ・デカルトから来た言葉。全てのことを、単純明快な1つの論理で統一して考える人を言う。ちなみに、数学ではカルテシアン・コオーディネートと言えば直交座標のこと（なお発音は、フランス語ではカルテジアン、英語ではカルテシアン）。

（注2）ハドリアヌスの長城：西端をカーライル（Carlisle）、東端をニューキャッスル・アポン・タイン（Newcastle Upon Tyne）とする全長118キロメートルの城壁。14代ローマ皇帝ハドリアヌスが、2世紀頃ケルト族の侵入を防ぐために築かせた。

（注3）支那あるいは中国という呼称について：支那とは、いわゆる支那大陸に成立した国家を指す呼称。現在は中華人民共和国。その前は、中華民国、清、明、元、宋、唐等の国家がある。英語表記では「China」であり「チャイナ」と発音、フランス語では「シーヌ」、日本流に発音すれば「シナ」となる。国際標準として、相手国の固有名詞は、それぞれ自国流に発音するのが当然である。本書ではこの考えに基づき、「支那」あるいは「支那（中国）」と表記することとする。

目次

第1部　戦争の原因を複眼的に理解する

第1章　宗教が戦争の原因となるメカニズム

1．世界の文明と日本

１９９８年5月にサミュエル・ハンチントンが書いた『文明の衝突（原題：The Clash of Civilizations and the Remaking of World Order）』という本が、当時かなり評判になりました。ハンチントンはアメリカ人の学者でコロンビア大学の「戦争と平和」研究所の副所長を務めたのちハーヴァード大学の教授になり、著書もたくさん残しています。政治的には民主党の右派だそうです。同書で、彼は世界の文明圏を９つに分けていますが、その中に日本も入っています。以下に引用するように、日本は日本１国で１つの文明圏になっており、孤立した文明圏であると書いたことが、特に日本人の興味を引いたのでしょう。

ハンチントンは次のように書いています。

文明の衝突というテーゼは、日本にとって重要な二つの意味がある。第一に、それが日本は独自の文明をもつかどうかという疑問をかきたてたことである。オズワルド・シュペングラーを含む少数の文明史家が主張するところによれば、日本が独自の文明をもつようになったのは紀元五世紀ごろだったという。私がその立場をとるのは、日本の文明が基本的な側面で中国の文明と異なるからである。それに加えて、日本が明らかに前世紀（著者注・19世紀のこと）に近代化をとげた一方で、日本の文明と文化は西欧のそれと異なったままである。日本は近代化されたが、西欧にならなかったのだ。

第二に、世界のすべての主要な文明には、二カ国ないしそれ以上の国々が含まれている。日本がユニークなのは、日本国と日本文明が合致しているからである。そのことによって日本は孤立しており、世界のいかなる他国とも文化的に密接なつながりをもたない。さらに、日本のディアスポラ（移住者集団）はアメリカ、ブラジル、ペルーなどいくつかの国に存在するが、いずれも少数で、移住先の社会に同化する傾向がある。文化が提携をうながす世界にあって、日本は、現在アメリカとイギリス、フランスとドイツ、ロシアとギリシャ、中国とシンガポールのあいだに存在するような、緊密な文化的パートナーシップを結べないのである。そのために、日本の他国との関係は文化的な紐帯ではなく、安全保障および経済的な利害によって形成されることになる。しかし、それと同時に、日本は自国の利益のみを顧慮して行動することもでき、他国と同じ文化を共有することから生ずる義務に縛られることがない。その意味で、日本は他の国がもちえない行動の自由をほしいままにできる。（中略）日本は世界の問題に支配的な力をもつと思われる国と手を結ぶのが自国の利益にかなうと考えてきた。第一次世界大戦以前のイギリス、大戦間の時代におけるファシスト国家、第二次世界大戦後のアメリカである。中国が大国として発展しつづければ、中国を東アジアの覇権国として処遇しなければならないという問題にぶつからざるえない。これをうまくやってのけるかどうかが、東アジアと世界の平和を維持するうえで決定的な要因になるだろう。

サミュエル・ハンチントン／鈴木主税訳『文明の衝突』（集英社）

この文が書かれたのは20年以上前のことです。その後、世界各国の状況も変わってきており、ハンチントンの説のすべてが当てはまるとは限りませんし、もともと著者の意見に賛成できない人々もいるでしょう。

そもそも文明や文化を論じるとき、１つの問題があります。それは、「文明」と「文化」を明確に定義した人があまりいないことです。司馬遼太郎は「海軍は文明であり、陸軍は文化だ」と書いています。これは、海軍の場合は、軍人である前に船乗りであり、平時に航海するときは、国際法たる「海上衝突予防法」に則って船を操らねばならず、このことは何万トンの船から10数フィートのプレジャーボートに至るまで同じです。一方、陸軍が平時、車両で移動する場合は、日本なら日本の道交法に従って移動します。これが両軍を象徴していると考え、陸海軍を文明と文化に分けたのでしょう。

非常に新しい傾向として、ヨーロッパにおいて移民を拒否する感情が高まり、幾つかの国で、移民排斥を主張するマスコミが言うところの極右政党（マスコミは、何を持って極右と呼ぶのか、単なる右翼との線引きはどこにあるのかを明確にしないままに極右という言葉を濫用しているが）が選挙の度に躍進していると伝えられています。貿易問題でもかなり狭い意味での国益が第一というアメリカのトランプ大統領のような人が台頭しています。

もっとも高関税が国益にかなうかについては、かつて1920年代にアメリカ政府がとった高関税政策が、ブーメランとなってアメリカ経済にも悪影響を与え、結局はウォールストリートを襲った「暗黒の木曜日」などを招き、世界に大恐慌を引き起こしたという歴史をトランプ大統領がどう見ているのか、まさか知らないということはないでしょうが。

いずれにしても、現在世界に広まるもっとも重要な対立軸は、右か左かではなく、グローバリズムかナショナリズムかではないかと思います。

文明と文化の違いに戻りますが、常識論として、たとえば、「東京と大阪では文化が違う」とは言いますが、「文明が違う」とは言いません。あるいは、元禄文化とは言っても元禄文明とは言いません。そんなことから、「文明」と「文化」の違いは、空間的および時間的広さ大きさの違いではないかと思います。

そして、この文明と文化の違いは、争いの原因となっているのです。卑近な例では、東京大学と京都大学の学風の違いからくる学説の違いと、感情的とも思われる論争や、会社の社風の違いを企業文化の違いと捉えれば、合併しても、長年社内に異なる会社が並立しているか如きメガバンクの例など枚挙にいとまありません。

ハンチントンに戻ると、彼が挙げた9つの文明のうち日本以外の8つはそれぞれ、西欧、ラテンアメリカ、アフリカ、イスラム、中国、ヒンドゥー、東方正教会、仏教であるとしています。この分類が正しいかどうかは疑問がありますが、いずれにしても、これらの文明圏の間で紛争があるのは確かです。また、過去の色々な歴史的事象には、それに関わった人の文明的あるいは文化的背景が大いに影響していたことは確かだと思います。

一方、宗教が与えた影響も無視できません。日本の特異性は、先進国の中では数少ないあるいは思い切って言えば唯一の多神教の国であるということです。古代まで遡れば、ギリシャもローマも多神教であり、特にギリシャ神話は有名ですが、ギリシャもローマもキリスト教が入ってきて国教化され、今では多神教の神殿などは観光用の遺跡でしかありません。一神教か多神教かは、ものの考え方に大きな違いがあります。もちろん現代では、キリスト教徒であるはずの国の国民も、熱心な信者の割合はかなり少なくなっていると思われますが、それでもその潜在意識には、その宗教特有の考え方が残っていると思われます。そこで、キリスト教やイスラム教の思想の基になったと思われるユダヤ教について論じます。

2．アメリカ人の考え方の淵源

昔は、「ＷＡＳＰ（白人でアングロ・サクソンそしてプロテスタント）でなければ、アメリカ大統領にはなれない」と言われましたが、アイリッシュ系のカソリックであるジョン・Ｆ・ケネディによってこの通則は破られ、後に黒人のオバマでさえ大統領になる時代になりました。

では、ＷＡＳＰは完全に消え失せたのでしょうか。今でもアメリカにはエスタブリッシュメントは存在し、その基本思想は残っていると思います。もっともトランプ大統領は、一般庶民の反エスタブリッシュメント感情をうまく捉えて大統領に当選したとも言えると思いますが、そうは言っても、特にＰが代表するプロテスタントの思想、特にピューリタンの思想がアメリカ人の思想の底流として連綿と流れ続け、トランプ大統領も影響されていると思います。

私は、合計９年アメリカにいて、公私を含めて大勢のアメリカ人と付き合いました。私のアメリカ人との付き合いでは、カソリックもプロテスタントもあるいはユダヤ系の人もいましたが、そのアメリカ人はほとんどのケースで非常に友好的で、特に人種差別的な態度に出会ったことはありません。一方、歴史的に見ても、また現代においても、アメリカ人の政治家、大企業のトップ、ウォールストリートの住人などは、権謀術数に富み、人の良い日本人などは簡単に手玉に取られます。日米を戦争に導いたフランクリン・ルーズヴェルトなどが良い例です。

アメリカ人について私が得た結論は、アメリカ人には2種類いて、かたやとてもフレンドリーで気の良い、しかし世界情勢などはあまり知らない人々と、権謀術数に富み、人を陥れようと虎視眈々としている人々です。

アメリカ人と付き合う場合、特に国益や社益をかけて交渉する場合は、人の良い日本人である事を脱して、こちらも抜け目なくやる必要があります。日本にやってきて開国を迫ったペリーにしても、この油断も隙もないアメリカ人の一人であったのです。

3. 気候条件と宗教

私は、約2年ほどでしたがイランに駐在したことがあります。

ユダヤ教、キリスト教そしてイスラム教は、根を1つにしており、同じ地域、砂漠地帯で生まれました。みな厳しい一神教です。一方、湿潤で比較的穏やかな気候の地に住む日本人や東南アジアの人々の間では汎神論的な宗教が受け入れられました。

私のイラン駐在期間も後半になると、イランイラク戦争の激化からヨーロッパを経由するヨーロッパ系の航空会社はイランへの運行を止め、東に向かい北京を経由して日本に至るイランエアーのみの運行となりました。日本に出張で帰る際は、砂漠地帯のテヘランから途中で気候も中間的な北京に寄り、そして湿潤で緑豊かな成田に帰ってきます。

そこで私が感じたのは、「もし自分がこの砂漠のなかに一人座って星を眺めていたら、キリスト教やイスラム教のような一神教になったかも知れないな、この風土の中ではそういう一神教にもなる気持ちも分かるな」ということでした。この気候風土の条件とそこに住む人々の気質や宗教について中村敏幸氏は、私が同感できる論考を残していますので紹介します。

人間は気象条件あるいは気候によって、その思考も変わってきます。哲学者・和辻哲郎氏（1889〜1960）が、その著書『風土』において、多くの人が賛同できる考察を残していますので、そのポイントを引用します。

中村氏は、3つの類型【モンスーン・砂漠・牧場】を設定し次のように論じています。

（1）砂漠とは

1．砂漠：ゴビの砂漠をイメージした漢語【流砂、砂の海】⇒日本人は砂漠を知らず、これに対応する日本語は存在しない。

2. 中近東のdesertは上記の意味での砂漠ではない

①desertは単なる砂の海ではない。荒野（wilderness）、荒漠不毛の土地

・rock desert：突兀たる岩石の露出せる荒れ地（岩石の砂漠）

・gravel desert：礫（れき）の海（礫の砂漠）

・sand desert：砂の海（砂の砂漠）→漢語の砂漠はsand desertのみ

②desertは乾燥して住むものなき、生気なき、荒々しい、あらゆる生の欠乏が生じる。

＊この風土は、人間の歴史的社会的現実にいかに影響するかという疑問を生じる。

＊選ばれた民が渡って歩いた地は「ものすごい砂の海」、「岩片の海」、眺めたのは「岩骨のみの山」、「死せる山」がほとんど。

＊人間の生を根源的に脅かす、死せる静寂、死せる色と形、あらゆる生の欠乏、死の脅威のみが充ちている土地。

(2) 砂漠の風土が人間にもたらしたもの

1. 人は自然とのかかわりにおいて存在し、自然において己を見るしたがって、荒漠たるものすごい自然においては、己の中にものすごさを見る。

2. 人は草地と泉と井戸を自然より戦い取ることによって生きる。自然から恵みは一切受け取らない。
3. 自然との闘いにおいて個人では生きられないから人は団結する、共同体、部族として自然から生を勝ち取る。
4. セム族に共通なのは、他部族との対抗的戦闘的関係と生活様式が生じること。草地や泉は部族間の争いの種となる【創世記13章6、26章20】
＊神は部族神（エホバは一部族神）となり、神への絶対服従を誓い、神の命令に従うことによって救いを求める（神との契約であり、旧約聖書や新約聖書の約はこの意味である）。

（3）モンスーンがもたらす湿潤の地

1. あらゆる部族に平等に恵みを与える自然の力は人間に対抗心を呼び起こさず、村落共産体となる。
2. 自然の恵みに抱かれる（豊葦原瑞穂の国、人間至る所青山あり）、神々と睦まじく、神を恐れてはいない。人間が自然と対立せず一体となる。
3. 神々への感謝と詠嘆、自然に潜む人間存在を越えたものへの畏敬の念が生まれる。

（4）支那（中国）：北方に砂漠を控えた漠々たる大陸は、乾燥を含んだ湿潤さを併せ持ち、他のアジア諸国と異質である。

1．黄河は砂漠から出てくる河であり、砂漠とモンスーンを媒介する黄土地帯は砂漠とモンスーンの合作であり、その具象化が黄河である。この話は、筆者が任地イランと日本を北京経由で往復した時、直感的には何度も経験したことです。

2．支那の河は泥河であり、支那人は清流を識らない。

3．支那人は忍従性の奥に戦闘的なるもの（残忍性）を潜めており、それはモンスーン的性格と砂漠的性格の結合による。

ヨーロッパやアメリカは砂漠気候ではなく、どちらかと言えば湿潤気候です（アメリカの一部には砂漠もありますが、主要部は、この分類で言えば湿潤気候です）。それなのに、その政治・外交は砂漠国的です。支那（中国）もその政治・外交は砂漠国的です。

ヨーロッパとアメリカにはキリスト教という共通項があり、キリスト教（正確に言えば、律法から脱しなかったパウロ教）が砂漠的思想であるのはなぜかという疑問はあります。

支那（中国）は、砂漠的性格と湿潤気候的性格が混交しているとありますが、どういう理由かは私は理解できません。現状は、砂漠的思考が支配的になっています。

湿潤気候型気質の日本人が彼らと付き合っていくのは容易なことではありませんが、せめて、こういう違いを認識し、覚悟を持って付き合っていくしかないでしょう。

4．生き残った一神教と滅びた多神教

（1）一神教＝ユダヤ教、キリスト教、イスラム教などの特徴

経典、戒律（ドグマ）、聖職者を持ち、神人隔絶（唯一神と個人、その間を取り持つ聖職者）が存在します。

一神教は砂漠の宗教であり、砂漠的人間の世界支配は、現代においてなお生き残っている世界における宗教を通観すれば明瞭になります。キリスト教、ユダヤ教、イスラム教等はすべて砂漠的人間が生み出したものです。

（2）宗教を巡る国内の争いと文化・芸術への影響

日本での宗教を巡る信仰上の大きな争いは3度ありました。最初は、仏教が伝えられた時に、それを受け入れるかどうかを巡って行われた蘇我氏と物部氏との争い、2度目が島原の乱、3度目が明治維新の初期に起こった廃仏毀釈です。しかし、いずれも、それによって国家の宗教

が1つの宗教に統一されてしまうようなことは起こりませんでした。

　一方、ローマ帝国では、伝統的なローマ神話の神々を崇拝する多神教からキリスト教の国教化によって、ほぼキリスト教一色に変わってしまいました。ローマ帝国において起きた事は、単に宗教上のことに留まらず、ギリシャ以来の彫像美術の世界に多大な影響を与えました。今見ることができるローマ時代の人体の彫像は、一旦は破壊されたり廃棄されたりしたものがルネサンス以降発掘されたものです。その時ローマで起きた事は、塩野七生さんの著書『キリストの勝利　ローマ人の物語14』（新潮社）に詳しいので後で引用しますが、まず偶像崇拝についての考察を述べてみます。

　イスラム教も偶像崇拝を禁じていますが、私にはイスラム教の偶像崇拝禁止のほうがキリスト教のそれより徹底しているように思えます。イスラム教徒が侵略した国の仏教寺院の仏像の首が切られたり、最近では、アフガニスタンの有名な岩窟の仏像が大砲を用いて破壊されたりしました。「宗教はアヘンだ」といったマルクスの言葉も頷ける面があります。

　一方、キリスト教のそれは、これで偶像崇拝禁止と言えるのと言いたくなるような状態ではないでしょうか。非キリスト教徒にとっても観光の対象物として素晴らしい壮麗なキリスト教の大聖堂や、その中で演奏される荘厳なパイプオルガンの音などは、私も見たり聞いたりするのはかなり好きなほうです。一方、宗教という観点からすると、信者の信仰心を高め、あるいは非信者をキリスト教に引きつける一種の舞台装置のようにも見えます。なぜなら、それらは、信仰の内面とは関係のない物理的なものだからです。それに比べるとイスラムの寺院の内部は簡素で飾りがありませんから、そう言う意味では、イスラム教のほうが純粋だとも言えます。厳しい目で見ると、キリスト教は他宗派の偶像崇拝は厳しく禁止するが、自分たちの偶像は崇拝するのではないかと問いたくなります。

多神教だったローマにパウロが布教を開始してから、キリスト教が国教になり、どういうことが起こったのか、塩野七生さんが書いた文章よりポイントを要約してみましょう。

紀元388年、皇帝テオドシウスの時のことです。ミラノにアンブロシウスというすごいやり手の司教がいました。この人が、キリスト教をローマの国教にしたようなものです。

この頃は、東ローマ帝国も西ローマ帝国も、テオドシウスが完全に支配下に置いて、ローマ帝国は、統一されたかの様相を呈していました。テオドシウスは、元老院に次のような問いを発しました。

「ローマ人の宗教として、あなた方は、ユピテルを良しとするか、それとも、キリストを良しとするか」

（中略）議員達は、圧倒的な多数で、「キリスト」を採択しました。

一千年以上にわたってローマ人から最高神と敬われてきたユピテルには、まるで生身の人間に対してのように有罪が宣告された。そして、ローマ人の信仰の座には、ユピテルに代わってキリストが就くことに決まったのだ。これは、ローマ帝国の国教は、以後、キリスト教になるということの宣言であった。

またこれは、ローマの元老院という多神教の最後の砦が、キリスト教の前に落城したことを意味する。建国の当初からローマ人とともに歩んできた元老院は、一千百四十一年後に、キリスト教の前に降伏したのである。（中略）採決を終えた元老院議員の多くが、皇帝の要求を容れて、ローマ古来の神々を捨て、キリスト教の神の信徒に変わった。

（中略）だが、自殺した議員が一人しかいなかったという事実は、一つのことを考えさせずにはおかない。それは、キリスト教徒は信仰を捨てよと強いられても拒絶し、殉教を選ぶ者が多かったのに、ギリシャ・ローマの宗教には殉教者が出なかったのはなぜか、という問題である。

これに関しては、異教の側の信仰心の弱さが要因だとする研究者は少なくない。だが私には、それだけではないような気がしている。問題は信仰心の強弱ではなく、信仰の対象である宗教の性質《キャラクター》のちがいにあるのではないかと思っているのだ。

この性質のちがいを簡単に言えば、次のようになる。

一神教とは、自分が信じているのは正しい教えであるから、他の人もそれを信ずるべき、とする考えに立つ。

反対に多神教は、自分は信じてはいないが、信じている人がいる以上、自分もその人が信じる教えの存在理由は認める、という考え方である。

そして殉教は、文字どおり、自分の信じる教えに殉ずる行為であって、そのためには死をも辞さないとする決意である。

(中略) キリスト教の勝利による「犠牲者」は、美術にかぎらず文芸もあった。この時代を境にして、首都ローマだけでも二十八も存在した公共図書館もふくめ、ローマ帝国中にあった膨大な数の図書館の閉鎖も始まったのだ。ローマ時代の公共図書館の蔵書は、バイリンガル帝国を反映してギリシャ語とラテン語の書物に二分され公開されていたのだが、これらの書物の内容はほとんどすべて、異教の世界を叙述したものだからであった。

（中略）そして、紀元三九三年には、異教対キリスト教の抗争の歴史の中でも、元老院でのユピテル神有罪判決と並ぶ、象徴的な立法が公布されたのであった。それは、オリンピアの競技会の全廃を決めた法である。（中略）それゆえ西洋史上では、紀元三九三年というこの年が、「ギリシャとローマの文明が公式に終焉した年」と言われている。

塩野七生『キリストの勝利　ローマ人の物語14』（新潮社）

このような異教の文化、特に形あるものを破壊するのは、一神教特有のものです。秀吉がキリスト教の禁教令を出した1つの要因は、九州のキリシタン大名の領地で、キリシタンが既存の神社仏閣を盛んに破壊したことに対する反発もあったようです。キリシタン側の戦略としては、キリスト教が、全国ベースで、より支配的になるまで、このような行為を控えていたほうが賢かったのではないでしょうか。

キリスト教がローマの国教になった瞬間、宗教の世界のトップの力の方が、世俗の王である皇帝より上に立ったのです。すべては、ミラノ司教アンブロシウスの描いた筋書き通りでした。そこで、キリスト教会は、皇帝テオドシウスに大帝の称号をあたえました。

これをふまえると、日本で、ザビエル等の布教が成功し、キリスト教が国教になっていたら、どういうことが起こったでしょうか。もちろん、伊勢神宮をはじめ、全国の神社やお寺は破壊され、各家庭の神棚や仏壇は破壊され破棄されたでしょう。古事記や日本書紀などの書も破棄されたかも知れません。またデウスの方が天皇より上とされたでしょう。つまり、日本が日本ではなくなったということです。

このような強みを持つ一神教キリスト教は、なぜ日本では支配的にならなかったのでしょう。そのことを次節で論じてみたいと思います。

(3) 多神教はなぜ滅びたのか

具体的に言えば、滅びたのはギリシャ、ローマ、ゲルマンやケルトの多神教です。一方滅びていない多神教は日本に見られます。

多神教は経典・戒律、聖職者を持たず、神人一体です。そのため個人に対する救済はなく、神話の神々に感謝を捧げ、ただ祈る祭祀（祝祭）を行う世界です。ですから苦悩、絶望する者にとって頼りにならないことになります。

一神教と多神教は全く異なる精神世界であり、同じ宗教という言葉で一括りするのは疑問です。それにもかかわらず、日本を占領したアメリカは、日本の神道を彼らの一神教の宗教観で処断しました。

ユダヤ・キリスト教は、嫉妬と排他性と不寛容によって多神教の神々を滅ばしました。

人はさらに離散せるユダヤ人がいかにその沙漠的性格（著者注・部族の掟と結合、選民意識、残忍性、憎悪、不寛容等）を持ち続けたかを忘れてはならない。離散はすでに紀元前数世紀から始まっている。（中略）しかしこの迫害を呼び起こしたものはユダヤ人自身である。

和辻哲郎『風土』（岩波書店）

イスラム教は元来他宗教（イベリア半島のユダヤ人も含む）に対しては寛容でした。ローマで定着するまで、キリスト教はその時のローマ皇帝の意向によって消長がありました。

（5）日本はなぜ一神教の国にならなかったのか

まず基本的かつ客観的な条件としては、日本がおかれた気象条件とか地政学的な条件があります。今までにも書いたように、ユダヤ教、キリスト教、イスラム教は皆砂漠で生まれた宗教です。砂漠とモンスーンの過酷な気候で、人が生存する環境としては少々厳しいところがあります。他にも極北のエスキモーが暮らす極端に寒冷な気候もありますが、その人たちの宗教について知識もなく世界に与える影響も小さいので、ここでは取り上げません。

しかし、インドネシアのように熱帯で多雨の地域でもイスラム教が普及し、ヨーロッパでキリスト教が繁栄したことを考えると、一神教が砂漠という超乾燥地帯でないと受け入れられないということはありません。したがって、湿潤な気候の中の日本には、気候条件以外の何かがあったはずです。

もちろん、日本に来たイエズス会の性急な布教戦略の誤りもあったかも知れませんが、それ以外に、キリスト教の広がりを困難にした条件があるはずです。

1つは、キリスト教が日本に入ってきた当時の既存宗教である神道と仏教の存在です。神道と仏教は、先祖崇拝という形で、生活習慣として日本人の心に深く浸透していました。しかし、一方ではキリスト教が日本に入ってきた当時、神道や仏教が平安時代から鎌倉時代にかけての活力を失っていたというネガティブな面もありました。では、キリスト教が結局日本の国教化に失敗した要因に最後の一撃を与えたもの、それは天皇の存在であったと思います。キリスト教が浸透しだした頃のヨーロッパにも王と呼ばれる君主がいたのですが、その君主自身が民衆より先にキリスト教化しています。日本でもキリシタン大名という君主がいた地区もありますが、秀吉とか家康のようなトップ権力者でキリシタンになった人はいません。

キリスト教化は先ず君主からという作戦が不徹底だったことも日本のキリスト教化が失敗した一因ではないでしょうか。もし秀吉や家康がキリスト教化していたら、日本もキリスト教になっていた可能性があります。

日本人の心の奥深く潜在した心の中に先祖崇拝と皇室があり、キリスト教化されなかったのではないかと思います。

5．私が体験したイスラム

私は、1980年代の後半、イランに2年ほど駐在しました。当時ホメイニ師全盛かつイラクとの戦争も最盛期でした。そこで、イスラム教にも興味を持ち、多少調べたこともあります。しかし滞在していたテヘランも何度も爆撃されたため、遠出を控えたので、諸々の歴史的遺跡やイスラム教ゆかりの寺院や都市の訪問もできませんでした。

当時のイランは、ホメイニ師のイスラム革命からあまり時間も経っておらず、国中の公共施設にはホメイニ師の肖像写真がたくさん掲げられており、偶像崇拝を禁じるイスラム教の教えと矛盾しないのか疑問を感じたものです。

偶像崇拝の禁止については、イスラム教はキリスト教よりも非常に厳格で、寺院（モスク）の中に、一切の装飾はなく、メッカの方角を示すアーチ型のくぼみ（ミフラーブ）があるだけです。一方、キリスト教のほうは、十字架やキリストやマリアの像がたくさん飾られたり、正教ではイコンというものが多く飾られたりしており、偶像崇拝は、どこまで厳格なのか疑問に思います。

私のイスラム体験は、イランというイスラムの中でも非アラブの少数派シーア派の国でのことが主ですから、イスラム全体について論じることはできませんが、イスラムについての基本的なことは説明しておこうと思います。まずはイランでの実体験ですが、イラクのテヘラン爆撃は、戦闘爆撃機数機でやってきロケット弾をパラパラと撃つくらいで、高層アパートの中低層階に住んでいれば当たる確率は少なく、むしろイラン側の対空砲火の流れ弾のほうが心配で、寝床の位置を移したことがありました。イラン空軍は、アメリカ製のジェット戦闘機を所有していましたが、アメリカとの関係が悪く、補修部品の補給もなく、ほとんど稼働していなかったようです。皮肉なことに、イランはアメリカ製武器、イラクはロシア製武器で武装していました。

イスラム教は、ユダヤ教やキリスト教と同根です。ユダヤ教やキリスト教の預言者が説いた教えをムハンマドが完全な形にしたと主張しています。そして世界で16億人と言われるキリスト教に次ぐ信徒の数をもっています。イスラム教の人たちは、他教の人たちに比較的寛容だと言われますが、教義自体はキリスト教に厳しく、キリスト教徒たちを、神の教えを間違って解釈した人々として軽蔑しているようです。また、かつて北アフリカのイスラム教徒は、海賊としてキリスト教国を襲い、財物の略奪だけではなく、住民を拉致し、奴隷として酷使したという歴史があります。今のイスラム過激派が、人を拉致し身代金を取るのは、彼らの先祖がやったことを模倣しているに過ぎません。宗教というものは、完全な異教よりは、同根の他宗派との間のほうが、より激しい闘争をするようです。現在のイスラム教対ユダヤ教あるいはキリスト教、さらに同じイスラムの中のスンニー派（スンナー）対シーア派のほうが、より激しい争いをする事があるのは、現在の中近東の情況を見れば分かると思います。

テヘランの事務所の机の上にあるカレンダーには3つの暦が出ていました。イスラム暦というのは、ムハンマドがメッカを退去した（ヒジュラ）西暦622年を元年とする暦です。もう1つはイランの太陽暦で、春分の日を元日とした太陽暦で、ある意味合理的に感じました。そして、当然ながら普通の太陽暦です。断食の期間は、毎年イスラムの坊さんが決める、いわば毎年動いていく期間です。イスラムの勢力拡張は、主に武力によるものでした。あるイラン人から告白されたことですが「むりやりイスラムに改宗させられたというコンプレックスと、しかしアラブ人ではなくインド・アーリア系人種だという優越感という複雑な思いがある」とのことです。おそらく、日本人の大多数の人は、イラン人のことを中東のイスラム国だからアラブ人だと誤解している人もいると思います。

また、イランのイスラムはシーア派で、サウジなどのスンニー派と違うことも対立の一原因だと思います。一方、イラクでは政府の権力はシーア派が握っており、スンニーが差別されているという不満による紛争があるようです。これはキリスト教の中でも、カソリックとプロテスタント、プロテスタントの中でもピューリタンとその他の宗派など、極端な場合は他の宗派の人を火あぶりにした例などもあるので、一神教特有の不寛容かも知れません。

一方、イランで名目主義だと思ったのは、利息です。イスラムでは金利を取ることは禁じられているのですが、実態としては、配当の名目で金利を払っていました。

一方イランでは、イスラム教徒特有の美点も経験しました。大変他人に親切で、道ばたで物乞いする人の所を自家用車で行きすぎて停まり、子供に喜捨を持っていかせるケースを何度も目撃しました。一時が万事で、大変親切な人々でした。

また、これは宗教上の理由か民族性か分かりませんが、戦場では、敵の地雷をわざと踏んで、後から来る兵士の道を開くなど、特攻隊的な行為も耳にしました。

治安は大変良く、これは「目には目を」で、泥棒すると手を切り落とされるというような厳格な決まりによるものかなと思います。石打の刑といって、首から下を地中に埋め、出ている頭に石をぶつけて殺す刑も実施していたようです。

アシュラのお祭りというのを聞いたことがある方もいるかと思いますが、これは、シーア派が主流派から分かれる原因になったカルバラーの戦いで、シーア派の宗祖と言ってもよいフサインが戦死したのを悼んで、自分の背中を鎖で打って行進し悲憤慷慨するというお祭りですが、これを聞いて、私は現代において、平家の子孫の人が、壇ノ浦の悲劇を悲しんで、悲憤慷慨し行進するようなものだと思いました。しかし、日本ではそのようなことは起こりません。

男女の隔離は、シーア派もスンニー派もほぼ共通です（スンニーのほうが、より厳しいということはあります）。例えば、スキー場では、男女の滑るコースは別であり、コースが接触する場所には、見張りがいて、男女が混じらないようにしていました。ケーブルカーに乗る入口は別、乗る時間も別であり、親子と言えども、父親と娘は一緒に滑れませんでした。

しかし、イランの場合は、ホメイニ師の方針が、公共の場では厳しく、しかし家庭内までは干渉しない方針だったので、富裕層で欧米への留学経験がある人々の間では、ホームパーティーが開かれ、女性も、会場の家に到着すると、欧米のトップモードの服に着替え、ダンスを踊ったりしていました。その点、スンニー派のサウジアラビアなどでは、ずっと厳しかったようです。

私がイランにいた頃、イランはホメイニ師のことを公式に「イマーム・ホメイニ」と言っていました。しかし、これは僭称であり、正しくは「アヤトラ・ホメイニ」です。せいぜい大アヤトラが精一杯です。これはイスラム教における尊称で、日本人はイマームとアヤトラについてはっきりした差が分からないと思いますが、私の実感では、イマームは常に世に現れるわけではない聖人のようなもので、アヤトラは偉いお坊さんといったところです。今の最高指導者アリー・ハメネイ師も、アヤトラか大アヤトラではないかと思われます。この尊称は、はっきりした資格のようなものはなく、権力者たちのなんとなくのコンセンサスで決まるようです。

イスラムの項の最後に、イスラムの興亡をマクロ的に説明します。イスラム教はムハンマド（マホメット）が、622年に起こしたものとされています。これは、日本では大化の改新が行われた年（645年）の少し前です。初期は武力を以て周辺を制圧し、同時にイスラム教を広めました。しかし、ムハンマドの娘ファーティマの息子フサイン・イブン・アリーが現在のイラクにあるカルバラーの戦いで殺されてから、スンニー派とシーア派が分派しました。

イスラム教の最盛期（Islamic Golden Age）と言われるのは、8世紀の中期にアッバース朝が成立し、ダマスカスからバグダードへの遷都が行われた頃から始まったと言われますが、既に711年にはイベリア半島南部のグラナダを占領しています。イスラム教の創始から100年も経っていません。なぜ、そのように急激にイスラム信徒を広げていくことができたかについては諸説ありますが、ひとつは税が軽く、イスラム教の国になるメリットがあったからだとも言われています。しかし、ここからピレネーを越えて今のフランスに攻め上がったものの、732年のトゥール・ポワティエ（双方とも、フランスに現存する中西部の都市の名前）の戦いでキリスト教勢力に侵攻を阻止されました。

現代のフランス人も、このことを意識しているらしく、しゃれか皮肉か分かりませんが、私がフランス駐在中に起こったフランス政府の、かなり陰険な日本車のシェアの上昇阻止の方法として、日本車輸入の手続きをポワティエという地方都市でやるようにしました。日本車のシェア上昇阻止をイスラム軍の阻止になぞらえたものです。

イスラムはポワティエ付近で侵攻を阻止され、それからレコンキスタ（再征服）で1492年にグラナダをキリスト教徒に奪い返されましたが、15世紀までの780年間イベリア半島の一部を占拠していました。そして、13世紀までは、武力による占拠だけでなく、文化・学問においても、イスラムの黄金期であったわけです。

それが衰退しはじめたのは、13世紀のモンゴルの侵入によるとされています。モンゴルは、ヨーロッパや中東に侵入するとともに、日本にも元寇（文永の役1274年、弘安の役1281年）で侵攻を企てました。同じ世紀の間に西に東に侵攻したわけですから、すごいエネルギーがあったとも言えます。

6．ユダヤ教

ユダヤ教とは、ユダヤ人によるユダヤ人のための宗教です。

信仰の礎は、宗教、政治、経済、法律、教育を律する絶対的な経典として信仰する「律法」です。

律法の信仰により、「選民意識」、「他民族に対する残忍性」、「世界支配に対する使命感」を抱くことになります。エホバの偏愛を受けつつ、エホバの残忍性と嫉妬に怯える信仰です。

律法とは、「モーゼ五書（トーラー）」のことで、モーゼがエホバから啓示を受けて著したとされる旧約聖書の最初の五書、すなわち『創世記』、『出エジプト記』、『レビ記』、『民数記』、『申命記』です。律法には、どのようなことが書かれているか、代表例を示します。

引用の聖書の訳は、すべて『日本聖書協会新共同訳（１９８７〜１９８８年版）』です。

　エジプトへ下って行ってはならない。わたしが命じる土地に滞在しなさい。（創世記26章2節）

　あなたがこの土地に寄留するならば、わたしはあなたと共にいてあなたを祝福し、これらの土地をすべてあなたとその子孫に与え、あなたの父アブラハムに誓ったわたしの誓いを成就する。（創世記26章3節）

　わたしはあなたの子孫を天の星のように増やし、これらの土地をすべてあなたの子孫に与える。地上の諸国民はすべて、あなたの子孫によって祝福を得る。（創世記26章4節）

聖書の訳は色々ありますが、この訳では、ずいぶんソフトな表現にしています。いずれにしても、「寄留（寄生と訳したものもあります）した土地をおまえに与える」ということは、元の所有者から奪うことであり、「ユダヤ人ファースト」ということではないでしょうか。

直ちに、子供たちのうち、男の子は皆、殺せ。男と寝て男を知っている女も皆、殺せ。
（民数記31章17節）

女のうち、まだ男と寝ず、男を知らない娘は、あなたたちのために生かしておくがよい。（民数記31章18節）

他民族の撲滅、男はもちろん、男を知って子種を残した可能性のある女も殺せ。但し、処女は生かして慰み者にせよという意味です。

あなたはほかの神を拝んではならない。主はその名を熱情といい、熱情の神である。
（出エジプト記34章14節）

唯一絶対神であるエホバ（ヤハウエ）は妬み深い神である故、汝等ユダヤ人は他の神を拝んだら酷い目に会うぞという意味です。

もし、あなたがあなたの神、主の御声によく聞き従い、今日わたしが命じる戒めをことごとく忠実に守るならば、あなたの神、主は、あなたを地上のあらゆる国民にはるかにまさったものとしてくださる。（申命記28章1節）

あなたがあなたの神、主の御声に聞き従うならば、これらの祝福はすべてあなたに臨み、実現するであろう。（申命記28章2節）

しかし、もしあなたの神、主の御声に聞き従わず、今日わたしが命じるすべての戒めと掟を忠実に守らないならば、これらの呪いはことごとくあなたに臨み、実現するであろう。（申命記28章15節）

エホバの誡命を厳守すれば、ユダヤ人は世界制覇を約束される。しかし守らなければ、エホバから呪詛と恐懼と譴責を蒙りエホバによって滅ばされるという意味です。

ユダヤ教は、信徒にとってまことに怖い宗教です。信じて律法を厳守するか、背いて罰せられるかの二者択一しかありません。

7．キリスト教

キリスト教は、イエス・キリストによる創始から、何回かのその思想の大変革を受けています。その初めは、イエス・キリスト没後直ぐにおきたパウロによる根本的変更であり、もう1つは宗教改革です。まず、その創始とパウロによりこっそり行われた根本的な思想の変更を説明します。

キリスト教徒は唯一神を信じ、一人の神または神格を成す神聖な者（三位一体）を信じています（中には三位一体の思想に異議を唱える宗派もあります）。なお、この項では、キリスト教を内部的な視点から論じます。他の宗教との関連では、4項の「生き残った一神教と滅びた多神教」のところで論じました。

(1) イエス・キリスト

イエス・キリストとは（救世主＝キリストであるイエス）律法（内容は旧約聖書にほぼ同じ）の否定者であり、律法との決別を説いた人です。旧約聖書と新約聖書の違いは、古今集と新古今集の違いではありません。現在のキリスト教徒は、旧約聖書をどう読んでいるのでしょうか。日本人にとっての古事記に出てくる神話と同じようなものでしょうか。しかし、その思想は、旧訳と新訳では断絶しているのではないかと思います。

キリストも12使徒もパウロもユダヤ人であり、イエス・キリストはユダヤ人に対して律法を狂信したパリサイ人（律法を守らぬ人と分離した者）の不正を諌め、律法からの脱却を目指して「愛の宗教」を説き、ユダヤ人を律法狂信から救おうとした、ユダヤ人にとって真の救世主でした（イエス・キリストはユダヤ人以外には布教しておらず、初めて異邦人に布教したのはパウロでした）。

> ユダヤ民族は、メシヤ（著者注・救世主）を待望し、メシヤについて預言した。しかも（著者注・ママ）ユダヤ民族はメシヤを受けいれず、これを拒否した。なぜならかれらは下僕《しもべ》の姿をしたメシヤを受けいれることができず、イスラエルの地上王国を実現すべき王者のすがたをしたメシヤを期待したからである。
>
> ニコライ・ベルジャーエフ／氷上英廣訳『歴史の意味』（白水社）

そして、パリサイ人から見れば、イエス・キリストは律法の背信者であり、その教えはユダヤ教の一異端宗教でしかなかったのです。

故に、ユダヤ教の聖職者ラビたちは、イエス・キリストを、世を惑わす者として、ローマ総督ピラトに告発し、十字架に架けたのです。

以下の引用を見ると、ニーチェも、パウロが本来のイエス・キリストの思想をねじ曲げたと言っているのだと思います。パウロは、キリスト教にとってすばらしい営業マンではあったと思いますが、イエス・キリストの本来の思想を犠牲にしてキリスト教をローマに売り込んだ（布教した）のだと思います。

すでに、「キリスト教」という言葉が一つの誤解である——、根本においてはただ一人のキリスト者がいただけであって、その人は十字架で死んだのである。この瞬間以来「福音」と呼ばれているものは、すでに、そ・の・人・が生きぬいたものとは反対のものであった。

ニーチェ／原佑訳『反キリスト者』39章（理想社）

キリストと一体となったということは——すなわち、キリストと共に律法の破壊者にもなったことである。キリストとともに死んだということは——すなわち、律法をも死滅させたことである！（中略）律法は罪が犯されるために存在したのであるから。苛性体液が病気をかりたてるように、律法は罪をたえずかりたてたのである。

ニーチェ／原佑訳『曙光』68章（理想社）

三位一体（ラテン語：trinitas　英語：trinity）の考えとは、父（神）と子（イエス・キリスト）と精霊は一体のもので、神が3つの形を取ったものであるとするキリスト教の根本教義の1つであり、カトリック教会、聖公会、プロテスタント、正教会、東方諸教会において受け入れられているが、ユニテリアン、エホバの証人、モルモン教、統一教会、キリストの幕屋その他で否定されており、キリスト教徒にとっても難解で、理解する対象ではなく、信ずる対象だとさえ言われます。確かに一神教ですから神は唯一のはずですが、3つあるようにも見え論理的に理解するのは困難であろうと思います。なお、三位一体は旧約聖書から出ており、旧約聖書から離脱しない限り否定するのも困難であろうと思います。

（2）ローマを内部から滅ぼしたパウロ

パウロはイエス・キリストの教えを改竄捏造してローマに布教し、ローマを滅ぼしました。意図したかどうかは別に、結果的にローマがキリストを十字架に架けたことに対する報復をしたとも言えます。

パウロはモーゼの律法を否定せず、巧みにキリスト教の中に潜り込ませ、初めてユダヤ人以外にキリスト教を布教しました。しかし、パウロは律法との決別を説いたキリストを思想的な十字架に架け、初代キリスト教の歴史を捏造したことになります。

ローマに布教しだしたキリスト教（正しくはパウロ教）は、ローマの衰退につけいって、最初はカタコンベ（地下墓地）に潜み、ローマの賎民、弱者を対象に布教して勢力を拡大し、ローマ帝国の精神の健康をシロアリのように蝕んでいきました。

（3）キリスト教ローマの国教へ

そうして300年かけてローマの公認宗教となり、更に100年かけてローマの国教となり、その過程でローマ神話に基づく信仰を迫害し、ローマ神殿の破壊を行いました（日本でのイエズス会の性急さに比べると忍耐強かったと言えます）。

本書でもニーチェの著作をいくつか引用しており、パウロ以降のキリスト教を哲学的に批判しておりますが、塩野七生さんも、その著書『ローマ人の物語』のなかで、ニーチェとは理由が違いますが、「キリスト教を公認したことがローマ帝国が滅びた原因のひとつだ」と書いています。現代のキリスト教徒の方々は、どう反論されるのでしょう。

313年にコンスタンティヌス帝によりキリスト教が公認され、そして392年にテオドシウス帝によりキリスト教以外を禁止する形で、ローマの国教とされました。そして、ローマ神話に関係のある歴史的建造物を破壊しました。

日本の戦国時代に来訪したイエズス会の宣教師たちが、九州の戦国大名や信徒を扇動して神社仏閣の破壊を行ったのと同じ精神構造です。また、キリシタン大名たちは火薬の原料となる硝石を入手するために、領地の女性を宣教師に売るようなこともしました。

(4) イエス・キリスト自身の思想

イエス・キリストの思想は、ユダヤ教の律法主義への反発あるいは批判から始まり、「裁きの神」から「愛の神」へ、「選民主義」から人による差別を無くした博愛主義だったはずです。しかし、パウロが、こっそり律法の思想を潜り込ませてしまった結果、キリスト教の思想には、選民主義が入り込みました。それは、アメリカでは「マニフェスト・デスティニー」として表現されています。

ただし、現代のアメリカ人の多数が、同じ思想を持っているとは思いません。私は9年間アメリカに住み仕事をしましたが、接したアメリカ人は、公私を問わず非常にフレンドリーで親切であり、私が日本人で非キリスト教徒である故に差別的な扱いをされたことはなく、アメリカでは、日本で仕事をする以上に理にかなった仕事ができ、居心地が良く、結果として私自身が親米的になっていると思います。

ただし、民主党政権の人々には、フランクリン・ルーズヴェルト時代の対日観が残っているように見えます。クリントンやオバマの発言の節々に、そういう思想、あるいはWGIPの中に書いてある原爆投下に対する罪の意識からくる弁明方法、あるいは東京裁判における東條英機の「東京裁判は勝者の裁きである」という指摘に対する応酬話法の指針（直接的な反論はせず、日本の悪事を一緒に書け）を守っているように見えます。

（5）メイフラワー号とピューリタン

宗教には、多数の宗派があり、キリスト教の場合、カソリックの場合よりプロテスタントの場合に数多くの分派が見られます。時に、極端な思想を持った派は、同系統の宗派の中でも排斥あるいは迫害される場合があります。メイフラワー号に乗ってきたピューリタン（清教徒）も、イギリス本国で、極端さが嫌われ迫害されたので、新しい土地アメリカにやってきたのです。

メイフラワー号は、１６２０年９月16日にイギリス南部のプリマスを出航し、同年11月21日に、現在のマサチューセッツ州ケープコッドに到着しました。本来目指したのはハドソン河口のヴァージニア植民地でしたが、嵐のため予定通りの進路が取れず、だいぶ北のマサチューセッツ州に来てしまったのです。

乗客は１０２名で、その内約３分の１が、イギリス国教会の迫害を受けたピューリタン（清教徒）でした。その後もメイフラワー２世号などによって、ピューリタンたちがマサチューセッツにやってきました。元々、イギリスの国教はカルヴァン主義なのですが、その一部は、非常に純粋に、かつ厳格にその思想を追求したため、同じプロテスタントでも、他の派の人たちとは溝が生じ、イギリスの中では迫害される傾向にあったのです。

一方、清教徒たちは子女の教育には熱心でした。ちなみに、ハーヴァード大学とかＭＩＴのような名門校は、マサチューセッツ州のボストンにあります。そして彼らはアメリカの中で勢力を増してゆきました。

しかし、宗教的に厳格すぎて、マサチューセッツでは、魔女狩りが行われ、また同じキリスト教徒のクエーカー教徒を火あぶりにしたりしました。魔女狩りで有名なのは、ボストンの少し北にあるセイラムという町で、魔女狩りの町であることを観光資源として活用しています。日本で、キリシタンの殉教を観光の種にするようなものでしょうか。恐らく現在の市民の中にも、魔女狩りを行った人の子孫もいると思いますが、違和感はないのでしょうか。

現在のアメリカで、ピューリタンがどういう位置づけにあるのかは知りませんが、その思想は、どこかには生き残っているのではないでしょうか。もっとも、アメリカ人の知人に、ピューリタンをどう思うか聞いてみたところ、顔をしかめて否定的な表情をしました。

ところで、感謝祭（サンクスギビングデイ）というのがあります。その起源は諸説ありますが、その１つは、はじめにメイフラワー号でやってきたピューリタンたちが最初の冬を越せず飢え死にしそうになったとき、地元のインディアンが助けてくれ、食用作物の栽培法を教えてくれて、その作物が収穫できた時のお祝いのお祭りが感謝祭になったという説です。それにもかかわらず、後にはインディアンを追い払い、恩を仇で返したわけですから、宗教的選民意識でもなければ、こんな酷いことをできるはずがないと思われます。

（6）涙の道（Trail of Tears）

選民思想は、旧約聖書』律法の重要な思想として謳われており、それを信奉するユダヤ教徒の思想で、イエス・キリストの思想には反しますが、パウロによって復活してしまった律法の思想の重要なドグマの1つです。このドグマによれば、当然インディアン、黒人、アジア人などは、神に選ばれた人たちではなく、まともな人類ではないので、それなりの扱いをしてもよいということです。

宗教的な選民思想ではありませんが、支那（中国）人の中華思想も類似のものですし、これは思想ではなく感覚だと思いますが、アメリカ人の「アメリカ＝世界」という考え方もあります。アメリカに9年間暮らした私は、このアメリカ人の生活感から来る感覚は分かるような気がします。その一例として、「涙の道」を紹介します。この事件を知っている日本人は、そう多くはないと思います。

「涙の道」とは、1838年、アメリカ・インディアンの一部族であるチェロキー族が、連邦政府によってジョージア州から西部のオクラホマ州などのミシシッピー川以西に約1900キロメートルを強制移住させられ、集合地や移動の過程で、諸説ありますが15000人中4000人が亡くなったとされる事件です。

チェロキー族は、アメリカ・インディアンの中で文明化された5つの部族の1つとされますが、白人の人口増加や金鉱の発見などから、支配者の白人にとって邪魔になったために移住させられたのです。この移住は、1830年の「インディアン移住法」の規定に基づいて署名されたニュー・エコタ条約の実践でしたが、チェロキー族の大多数に受け入れられてはいなかったようです。

当時のアンドリュー・ジャクソン大統領は、侵略的で人種差別的な思想を持ち残虐行為を実行し、その過程では女・子どもを優先的に虐殺しています。なお彼は民主党から大統領に選ばれた初めての大統領です。この事件が起こったのは、マニフェスト・デスティニーという言葉ができるより前ですが、言葉ができるより前に、そういう思想があった証拠でもあります。

ペリー来航が1853年ですから、事件はその15年前になります。ペリーは軍人という公職にあったことから、ジャクソン大統領が実行したチェロキー族の強制移住については、よく承知していたはずです。ペリーがこの強制移住をどう思っていたかは分かりませんが、このような政府の政策になにがしかの影響をうけていたものと考えられます。

なお私はチェロキー族とは多少の縁があります。アメリカ勤務時代に雇った秘書がチェロキーであると言っていました。しかし、本人が言うまでは、私は、てっきり白人だと思っていました。私には、他の白人と変わらないように見えましたが、本人は、この肌の色が悲しいと言っておりました。多分、白人の血が入っていたのでしょう。一方、ジープの一車種にチェロキーというのがあり、また、有名な軽飛行機にパイパー・チェロキーというのがあります。アメリカ人にとって、チェロキーというのは、何か特別な意味があるのでしょうか。また有名な賛美歌「アメージング・グレース」は、チェロキーにとっては国歌のようなものだそうです。

ユダヤ教やキリスト教は選民思想が強いのですが、イスラム教は他の宗教の教徒に寛容であったとも聞きます。イスラムとユダヤ・キリスト教を分けるポイントかも知れません。

アメリカでは、宗教の中で一番多数派の「福音派」は、トランプ大統領の考えに近いと言われています。トランプ大統領が宗教として信じているのか、選挙を考えて多数派に近づいているだけなのかは分かりませんが、イスラエル支持が強いのが共通のポイントです。

私が理解できないのは、イエス・キリストをユダヤ教の異端として、ローマのユダヤ属州総督ピラトに告発し十字架に架けたのはユダヤ人であり、恐らくヨーロッパにおけるユダヤ人迫害の1つの理由でもあったはずなのに、福音派がなぜユダヤ人国家であるイスラエルを強く支持するのかということです。キリスト教徒の人も、この辺を質問されると答えに窮するのではないでしょうか。

8．ゾロアスター教そして多神教の国々

世界最古の一神教とも言われるゾロアスター教（拝火教）は、古代ペルシャ（現イラン）で紀元前6世紀にアケメネス朝が成立したとき、すでに王家と王国の中枢を為すペルシャ人のほとんどが信奉していたようです。しかし、7世紀後半にペルシャがイスラム化されて衰退しインドに主力が移り、今でもインドではそれなりの信仰活動が行われています。ゾロアスター教が現代でも生きている証拠に、インドの有力財閥の1つタタ一族はゾロアスター教です。ゾロアスター教はペルシャのツァラトゥストラが開祖です。支那（中国）にも伝わり、唐代には祆教《けんきょう》と言われ、それなりの広がりを見せたようです。

私はイランに駐在し生活しましたが、ゾロアスターの風習の名残ではないかと思われることを目撃しました。それは、大晦日の夜、火縄を振り回す習慣です。これはゾロアスターの遺風だと聞いた記憶があります。ゾロアスター教では、アフラ・マズダーが主神ですが、かつて、東芝の電球のブランドがマツダであった時代があり、またカーメーカーのマツダも、表示は共

に「Mazda」であり「Matsuda」ではありません。それぞれ日本風に発音して「マツダ」と読みますが、これはアフラ・マズダーから来たものです。

また、あるイラン人に、イスラム教に力で改宗させられたということを恨んでいる一方、アラブ人ではなくインド・ヨーロッパ系の人種であり、周辺の民族はアラブ人だと優越感を感じていると複雑な心境を語られた経験があります。

いよいよ多神教について書きますが、一般的によく知られた例としてギリシャ神話に出てくる神々があります。神話に出てくる神は大きく分けて、崇拝あるいは敬う神と、尊敬するわけではない神があります。一神教が禁じるのは、彼らの唯一神以外を拝むことです。彼らも例えば使徒は尊敬しますが拝みはしません。あるいは、拝んではいけないのです。拝む対象は飽くまで唯一の神です。この辺は苦しい論理のように見えます。

いずれにしても、一神教が出てくるまでは、世界中のほとんどの地域は多神教でした。多神教で多くの人に知られているのはギリシャ神話とローマ神話、続いて北欧やケルトの神話などです。ギリシャ神話に登場する神の中では、自然の山河や自分たちの祖先を神として崇拝し、また何かを司る（悪いことも含む）神がほとんどです。そして、世界中の各地域には、それぞれの神が多数存在します。

日本は、ヨーロッパから離れた孤立した島国という地政学的な要因を主因とし、豊臣秀吉、徳川家康等の判断の的確さ、日本人の文化度の高さ、強い軍事力などがあって、ポルトガルやスペインがキリスト教を道具に、世界各地で植民地化を進めたにもかかわらず、キリスト教という一神教にも植民地にもならずに済み、先進国としては唯一といっていい多神教国あるいは汎神論です。

しかし、現在ではヨーロッパのキリスト教国でも、毎週、教会に行くような熱心な信者は少なくなっているようで、教会に頻繁に行く度合いで計ると、アメリカ人が一番熱心かも知れません。私がいたオハイオ州などの中西部やテキサス州は別名バイブルベルトとも言われ、教会へ行く人も多く、教会も多数見かけます。教会に行くのは、信仰のためのほかに、社交の意味があるかも知れません。

アメリカ軍を主力とした占領軍が日本の占領にやってきたとき、連合軍総司令官のマッカーサーは、当時の皇太子（現上皇陛下）の家庭教師としてキリスト教クエーカー教徒のバイニング夫人を送り込むなど、日本をキリスト教化する努力をしましたが、占領軍の権力をもってしても、ついに日本のキリスト教化はできませんでした。マッカーサーの努力にもかかわらずキリスト教化しなかった日本人には、キリスト教というより一神教が性に合わない余程深い理由があるのでしょう。

ちなみに、『裏切られた自由』の著者であり主人公のフーヴァー大統領は、クエーカー教徒だったようです。クエーカー教徒は平和主義と言われますから、よけいFDR（フランクリン・ルーズヴェルト大統領）を「戦争キチガイ」と呼んだのかも知れません。

ローマを滅ぼしてキリスト教化したローマ教会は、次に400年かけてゲルマン神話に基づくゲルマン人の多神教の信仰を根絶やしにしました。

紀元800年に、カール大帝が、ローマ教皇によって戴冠し、神聖ローマ帝国が生まれました。カール大帝が統治した地域は、現在のヨーロッパのかなり広い領域に及びました。したがってヨーロッパはEUができるよりずっと昔に統一国家を経験しているのです。

ここで、神話と世界観の関係を見て見ましょう。23ページ同様、中村敏幸氏の論考より、ポイントを引用します。

（1）神話は民族の世界観である

その民族が世界（宇宙）の成り立ちと世界をどのように観じていたかが表現されている。

（2）世界観とは何か［小野浩『ゲエテ的世界観について』］

1．世界観＝ドイツ語の Wertanschauung の訳語→人生観は Lebensanschauung

①独英辞典 Murret Sanders によれば、opinion on the cosmic position of man（人間の宇宙的位置に関する見解）
②英語には「世界観」を一言で表すことの出来る言葉はないようです。
③日本語の世界＝宇宙＝大千三千世界（仏教語）、月の世界（竹取物語）、明治開国前に、日本には「世界観」という言葉はなかったが概念はあった。
＊世＝過去・現在・未来
＊界＝東西南北上下
＊観照＝　知恵をもって事理を照らしてみること。
＊宙＝無限の時間
④ギリシャでは、コスモス＝秩序　カオス＝混沌
⑤人（ミクロコスモス）と大宇宙（マクロコスモス）との応和
⑥山川草木悉有仏性、山川草木悉皆成仏

（3）古事記の世界観［山田孝雄『古事記上巻講義』他］

①初発（はじめ）＝天地開闢ではない。天地は無始無終。いつからと言うこと無しに、おのずからに、初めの、初めの、初めから。

②成る（生る・ナル）＝内在している力による展開（草木の実がなる、子供が大人になる）、可能態から現実態への展開。無から生じた有ではない。

（4）創世記の世界観＝反世界観（自然に対して畏敬心を持つことは神への反逆になる）

元始に神、天地を創造《つく》り給えり……神光あれと言い給いければ光あり。……神其の像の如くに人を創造給へり、即ち神の像の如くに之を創造利之を男と女に創造り給へり。

①無から有をつくる。

②神と人と物の関係のみ→宇宙観、生命観が無い。

＊私が愕然となるのは、自然の欠如ということである。これほどの反自然が、こともあろうに道徳として、最高の栄誉を受け、掟として、至上命令として、人類の頭上に高々と掲げられたという、まことに身の毛もよだつ恐ろしい事態である。［ニーチェ『この人を見よ』・キリスト教否定］

（5）神と人との関係

1．創世記ほかのユダヤ聖典＝神人隔絶

2．日本神話・ギリシャ神話＝神人一体、神と人が系図としてつながる。

＊例えば、トロイ戦争のギリシャ軍の総帥ミュケーナイ王アガメムノーンは、海神ポセイドンの末裔。

9．都市国家と市民権という発想そしてローマ帝国

古代ギリシャ・ローマというのは、欧米の文化の源と考えられています。そしてギリシャ文明やローマ文明、そしてその歴史については多くの遺跡も発掘されており、取り上げて論じるには魅力的な題材です。民主主義、哲学、成文法などの源流がここにあると考えられます。しかし、すべてを取り上げて論じるとなると紙数も膨大になるので、すべての事項は取り扱わないことにしました。そこでまず、日本人にとって、不慣れな思考について少し取り上げてみます。

筆者は、サラリーマン引退後数年間、実務翻訳に従事したことがありますが、その時、つくづく翻訳は恐ろしいもので、原文と意味が異なるものが世の中には氾濫していると思いました。訳文が原文と違ってしまう原因には、翻訳者の間違い、政治的意図による故意の誤訳がありま す。好例としては、サンフランシスコ講和（原文に忠実には「平和」）条約11条の「日本は東京裁判を受け入れた」というのは誤訳で、日本が受け入れたのは「東京裁判の判決」です。

他にも、言語の違いにより、どうしてもピタリの訳ができないケースもあると思います。

ここで例に挙げるのは「市民権」という言葉です。これは、明治維新前までの日本においては、その言葉も概念も存在していませんでした。明治維新と共に大量に入ってきた欧米の思想や印刷物・言語を日本語でどう表現するかに苦労した明治時代の先人の工夫により生み出された、あるいは当時の日本人が苦労して見付けた翻訳語であったことは間違いないと思います。

これらの言葉の多くが、現代中国でも使われています。例えば、「中華人民共和国」という言葉の内、本来からの漢語は「中華」くらいで、「人民」も「共和国」も日本生まれの漢語だと言われています。

なぜ日本や支那（中国）に市民権という言葉や概念がなかったのか、私は次のように思います。ギリシャ・ローマにも一種の王政はありましたが、いずれにしても都市国家でした。都市国家ですから当然市民がいました。

一方、日本や支那（中国）には、相当期間、全国的に定着した都市国家という政治体制はなかったと思います。邪馬台国以前に日本の九州は幾つもの小国に分かれて争っていたとされていますが、都市国家と言えるほど、その状態が定着してはいなかったでしょう。

支那（中国）についても、幾つかの小国に分かれて争っていた時期もありますが、都市国家と呼べるようなものではありませんでした。都市のないところに市民は生まれません。なお、この意味での「都市」は「polis」であり「city」ではありません。

ところで、日本語の「市民権」という言葉には誤解ないし誤訳と思われる意味が含まれています。市民権には2つの意味があり、1つは「国籍」という意味で使われ、もう1つはまさに「市民が持つ権利」と解釈されます。

市民権を和英辞典で引くと「citizenship」となります。そして「citizenship」を英英辞典、例えば『LONGMAN Contemporary English』で引いてみると、第1の意味は、まさに「国籍」を指しており、問題ありません。日本語の市民権のもう1つの意味は、国民一人一人が持っている権利と解されます。ここで、翻訳の不適切さが出てきます。前述の『LONGMAN』ではどう出ているかというと、「the ways in which a good citizen behaves, for example being responsible and helping their country」と出ており、国家に対する責任をはっきり言っております。

この責任の部分がすっかり欠落しているのが、日本語の「市民権」です。多分市民権の権の字に誤導されるからでしょう。どちらかというと左翼の人が「市民」とか「市民権」という言葉を使いたがるのは、この辺に理由があるのかも知れません。

ここで、古代ローマ人にとっての「市民権」とは何かを、塩野七生さんの筆を借りて定義してみると……。

権利

一、不動産・動産を問わず、すべての私有財産の保証。そして、それらの売買の自由。

二、選挙権と被選挙権を有することから、国政に参加する権利。

三、法にのっとった裁判を受ける権利とともに、それによって死刑を宣告されてもローマではこれだけでは充分でなく、市民集会に訴え出る権利、つまり公訴権を有した。これは事実上、ローマ市民権保有者の死刑執行を大変まれなものにした。

四、独立していて自由な身分を持つ、一人前の男であるという証拠。

義務

一、十六才から四十五才までは現役で、それ以後も六十才までは予備役として、軍務に付く義務があった。

塩野七生『ローマは一日にして成らず　ローマ人の物語1』（新潮社）

金を払って軍務をまぬがれるやり方は、法によって許されなかったというよりは、不名誉なことと考えられていました。

ギリシャでも、市民は兵として活動するために必要な武器は自分で用意する義務がありました。

上記のように、権利は保障されていましたが、義務の履行も厳しく求められていたわけです。ローマ帝国が、多神教のローマから、キリスト教のローマになり、ローマが全く異なる国になった経過と、どういう結果が起きたかを回想してみましょう。

元々ローマは、ギリシャの神々とはかなり共通の神がいる多神教が信じられ、美術もギリシャ的な幾つもの裸体像などが豊富にありました。一方、キリスト教は、パウロがローマに布教をはじめ、最後はローマの国教となり、ローマ人の思想、哲学は大変貌をとげました。

10. ギリシャとローマの比較、そしてなぜ日本はキリスト教化されなかったか

より古いのはギリシャ文明で、紀元前2000〜1400年にはクレタ文明が栄え、紀元前1600〜1200年にはミケーネ文明が栄えました。そして、いよいよ紀元前1250年頃にはトロイ戦役がありました。この辺になると神話伝説と事実としての歴史が入り交じっています。

トロイ戦役は、トロイの王子パリスがスパルタ王の妃の絶世の美女ヘレンを奪ったことから始まった戦争です。確か『トロイのヘレン』という映画がありました。また神話の類いですが、

トロイ戦役でギリシャ側の司令官を務めたオデュッセイアが祖国に帰り着くまで10年もの間、諸国をさまよい、様々な苦難に出会うという物語が1つの叙事詩『イーリアス』になっています。なお、日本の自動車会社がミニバンの先駆けとして製造販売した「オデッセイ」は、この物語にちなんだ命名ですが、大変ロマンに富んだ命名でした。

ところで現在のトルコに観光旅行に行き、ポピュラーなツアーに参加すると、イスタンブールから南西に250キロメートル余り下ってトロイの遺跡を訪問し、例のトロイの木馬の模型などを見ることができます。しかし、これはあくまで神話を観光に利用した話だと思います。あの馬の模型の中に、トロイを落城させてしまうほどの数の兵士が敵に気付かれないように隠せたというのは、本当に実話なのかと疑わしく思いました。

なお、ギリシャ人は、現在のギリシャから地中海沿岸の色々な地に植民し、更に200キロメートル余り南に下ったところにはエフェソスの遺跡があり、これもギリシャの遺跡です。ギリシャ本国に行かなくてもギリシャの遺跡は見ることができます。そして現在のトルコの地中海岸から地中海を見ると、島が幾つも見えます。今更ながら、今のトルコ（小アジア）とギリシャの近さを実感することができます。

次にローマですが、初めはどうしても神話・伝説の類いになりますが、ローマ人の子孫もおおかたはそれを信じていると思いますので、その神話・伝説を説明します。塩野七生さんの『ローマは一日にして成らず　ローマ人の物語1』の最初に出てくる話です。

古のローマには、多いときで三十万にものぼる神々が棲んでいたという。一神教を奉ずる国々から来た人ならば眉をひそめるかもしれないが、八百万《やおよろず》の国から来た私には、苦になるどころかかえって愉しい。

塩野七生『ローマは一日にして成らず　ローマ人の物語1』（新潮社）

一方、伝説によれば、ギリシャ軍に攻められ、例の木馬の戦術によってトロイが落城したとき、逃れでた少数の人たちの中にアイネイアス一家がいて、流れ流れて後にローマとなる土地にやってきました。そのアイネイアスから何代もたった子孫にロムロスという人がいて、紀元前753年にローマの王となって建国したという話です。

その後、紀元前7世紀には既にフォロ・ロマーノができはじめていたようです。フォロ・ロマーノは有名なローマ観光遺跡で、今もかなり残っています。しかしながら、ローマ神話に関係する施設は、後に一神教のキリスト教徒によって破壊されました。ですから、ローマの遺跡は、必ずしも年月の経過による破損だけによって劣化したわけではありません。

それから共和制の時代があり、その最後にジュリアス・シーザーが現れましたが、シーザーは、その最後の頃は皇帝と言っても良いくらいの権力を握り、それが原因で殺されたのです。このシーザーとも血縁のあるオクタヴィアヌスが独裁権を握り、アウグストゥスとしてローマ帝国の初代皇帝となりました。その即位が紀元前29年ですから、イエス・キリストとほぼ同時代人と言ってもよいでしょう。

一方キリスト教のほうですが、こちらはパウロが初めてユダヤ人以外に布教した先がローマであり、彼は初代のローマ教皇とされていますが、もちろん後のローマ教皇のような権力はありませんでした。

ローマ帝国の方は、段々その領域を広げましたが、395年に東西に分裂しました。初めは、皇帝テオドシウスに息子が2人おり、西方ローマと東方コンスタンティノープルに居住して、統治を分担させるつもりでしたが、やはり2つの宮廷ができると遠心力が働いて、分担が分離となったわけです。キリスト教が国教になったのが392年ですから、それから僅か3年です。

さらに僅か84年後には、西ローマ帝国自体が消滅します。消滅の原因は、直接的には、ゲルマン人の傭兵隊長オドアケルによって滅ばされたと言われていますが、精神的にはキリスト教の国教化により、ローマ人が精神的にローマ人本来のものを失ったからだとニーチェが唱え、また塩野七生さんもニーチェとは理由は異なりますが、その著『ローマ人の物語』でキリスト教の導入がローマ帝国滅亡の一因だと書いています。

しかし、この頃ローマ、正確には西ローマ帝国を襲った混乱は非常なものがありました。410年には、ローマ劫掠《ごうりゃく》と呼ばれる、北方蛮族によるローマに対する略奪、強姦、殺戮があり、476年には、西ローマ皇帝ロムルス・アウグストゥスは廃位され、一時傭兵隊長オドアケルが実権を握りますが、そのオドアケルも493年には降伏後暗殺されてしまいます。

私は、西ローマ皇帝の運命より、劫掠に興味があります。劫掠されて、どうやって立ち直ったのか、また劫掠の結果として、大勢の混血児が生まれたのではないかと思いますが、その子供たちはどうなったのか、劫掠された方、した方の民族の記憶として、劫掠はまったく忘れ去られたのか、何らかの記憶が残っているのか等々です。

いずれにしても、ほぼ唯々として劫掠を受けてしまったローマは、ここで死に体になったも同然であろうと思います。劫掠から60年あまりで西ローマ帝国は滅亡してしまうわけですから。

これまでの話とは少し趣が違いますが、塩野七生さんが書いている中に大変示唆に富む部分がありますので紹介します。

王政、共和政、元首政と政体は変わっても、その全歴史を通して、元老院がシビリアンのみの集まりであったことは一度としてなかった。ローマという国家には、後期になるまで、シビリアンとミリタリーの区別はなかったのである。それが変わったのは、四世紀に入ってからで、この時代のローマ帝国は、元首政の帝国ではなくて絶対君主政の帝国に変わったからだった。最高権力者が、「元首」ないし「市民中の第一人者」ではなくて「絶対君主」となれば、最高権力者の補佐機関でありその権力をコントロールする役割をもっていた「元老院」も、存在理由が低下するのは当然である。四世紀に入って以後の元老院の権威と権力の低下は急坂をころがり落ちるかのようで、その真因は、シビリアンのキャリアとミリタリーのキャリアが明確に分離するようになったからだ。実権を持たない権威は、真の権威にはなりえない。詩人が懐かしがるかつての元老院は、シビリアンであると同時にミリタリーでもある、つまり軍事をわかる政治家が集まっていた機関なのであった。

塩野七生『ローマ世界の終焉　ローマ人の物語15』（新潮社）

今の日本に当てはめると、国会議員の中に、何人のミリタリーだった人が入るのでしょう。初期のキリスト教の布教の話に戻りますと、ローマが衰退したということは、見方によっては、パウロがイエス・キリストを磔にしたローマに報復したとも言えます。

名目的には、最後の西ローマ帝国皇帝のロムルス・アウグストゥスは、帝位を当時の東ローマ皇帝ゼノンに返上し、名目的には、東西のローマ帝国が統一されました。実際にはゲルマンの傭兵隊長オドアケルに滅ばされたのですが、オドアケルは493年に暗殺されてしまいました。それでも17年間は、西ローマの権力者であったわけです。

ところでローマ教皇の方ですが、ローマンカソリックは、初代はパウロとしています。しかし、この頃の教皇は、キリスト教自体がローマ帝国で認められておらず、後の教皇のような権力を持ってはいませんでした。しかし、392年にローマ帝国唯一の国教とされてから、どんどん勢力を拡大し、5世紀の教皇は、大きな権力を手にしました。しかし、ローマ帝国が395年に東西に分裂してから、キリスト教もローマンカソリックと、東ローマ帝国領に広まった東方正教会に分かれることになりました。最近、この東方教会が分裂したという話を聞きました。

東ローマ帝国は、前にも書いたように、395年にローマ帝国が東西に分かれ、東ローマ帝国はコンスタンティノープル（今のトルコのイスタンブール）を都とし、結局は西ローマ帝国よりずっと長く続きました（1452年まで）。現在のトルコと聞くと、トルコ系の人がいたのかと不思議に思うかも知れませんが、実はギリシャ系の人たちが主体でした。ですから、現在トルコ観光に行くと、イスラム系の寺院が見られる他にギリシャの遺跡が見られるわけです。そして、東ローマ帝国のキリスト教は、ローマンカソリックではなく、東方正教会で、この一派には、ギリシャ正教やロシア正教があります。

ギリシャとローマは文化的には共通点が多く、また政治的にも都市国家から出発したことも同じでした。しかし、ローマは帝国になり、フランス（ガリア）やイギリス（正確に言えばイングランド）やアフリカ大陸の一部まで属州としたのに比べ、ギリシャは地中海沿岸に植民地を設けはしましたが、そんなに大きな帝国を作ることはありませんでした。この違いはどこから来たのでしょう。

ギリシャの都市国家で有名なものにアテネとスパルタがありますが、この両者が外国ペルシャからの侵略に対抗して一致団結して戦ったのは、ペルシャからの侵攻が何回もあったにもかかわらず一回しかなかったのです。あとは、お互いに抗争していたわけです。アテネの人々は独立心が強く、民主主義の祖とも言えますが、それ故、他のギリシャの都市国家と団結して外敵と対抗するのは好きでなかったようです。

一方、ローマ人は、文化あるいは哲学とか力や技術といった個々のカテゴリーでは、ローマ人よりすぐれた部族がいて、ローマ人が最強ではなかったのですが、精神的には非常にオープンで、ローマに負けた部族の扱いが非常に寛大で、市民権も与え、その力を活用したところが違ったようです。その心の持ち方の違いがなぜ生まれたのか中々分かりません。日本人と中国人あるいは朝鮮半島の人の違いは、その地政学上の違いからかなり説明できると思いますが。

私は、塩野七生さんの『ローマ人の物語』を読み、ローマの敗者で属州になったところの民族の扱いが実にオープンマインドであったか、敗者のカルタゴ出身のローマ皇帝が出たという話を読んで、ついアメリカと日本の行く末を考えました。

1つの証拠のようなものですが、皆さん歌劇の『オテロ』は、名前くらいは聞かれたことがあるでしょう。シェイクスピア原作の話に、ヴェルディが曲を付けたオペラです。主人公は、ムーア人の将軍ですが、この人はヴェネチア領の植民地の総督です。つまり、ローマ人ではなくても、ローマの属領などの総督という重い地位につけたのです。さらにカルタゴのような過去の敵国の人もローマ皇帝になっています。

日本の現状を、実質的にアメリカの属国であると考える人も少なくありませんが、この属国日本出身の人（日系ではない生粋の日本人）が、アメリカの大統領になるようなことがあれば、かつてのローマとカルタゴのような関係が生まれることもあるのではないかと夢想するのです。私自身がそうでしたが、日本から派遣されて在アメリカの企業のCEOになると、アメリカ企業の常として、ある意味ではアメリカ従業員の生殺与奪の権を握ったことになります。幹部であれば幹部であるほど、社長が気に入らなければ、首にすることもできるわけです。私と経営思想が合わないとでも言えばよいのです。そんなに権力を振り回したことはありませんが、かつてのGHQの占領時代を経験した私としては、ちょっと感無量の思いを感じたものです。

かつて、後にクライスラーの社長になったアイアコッカが、フォード勤務時代、オーナーのフォード氏から、「お前を気に入らない」の一言で解雇されたという話は有名です。トランプ大統領も、大統領になる前、何かのテレビ番組で「お前は首だ（You are fired)」と叫ぶのが有名だったようです。

ところで、日本はなぜキリスト教化されなかったのかを、ローマと比較して考えてみました。キリスト教は、砂漠の中から生まれた一神教です。日本もローマも砂漠ではありません。日本にもローマにも多くの神がいて、日本には天皇がいますが、ローマにも同じように皇帝がいました。

では、何が違ったかを、歴史的な違いから考えてみましょう。日本にフランシスコ・ザビエルが布教の意思を持ってきたのが1549年で、島原の乱で、キリスト教が少なくとも表の世界では絶滅したのが1637～1638年と、その間は約90年しかありません。

一方、パウロがローマに布教にやってきたのは紀元二桁年台の半ばらしく、ローマの国教（他宗教は禁止）になったのが392年と、その間300年以上経っています。90年と300年では大変な差です。

私は、そこにローマでキリスト教化に成功し、日本で失敗した大きな原因があったのではないかと考えました。つまり、イエズス会あるいは追随したキリシタンたちは焦りすぎたということです。例えば、幕府の将軍家の誰かをキリスト教に取り込むこともできないうちに武力蜂起をして、うまく行く目算はあったのでしょうか。あるいは、神社仏閣を破壊したりする行為も控えるべきではなかったかと思います。神社仏閣の破壊や日本人の奴隷化などが、非キリスト教徒が大部分の日本人にどう思われるのかを考えたのでしょうか。

いずれにしても、彼らがローマで行った布教活動にかけた時間と日本のそれを比べれば、日本では余りに短い時間で成果をだそうと焦りすぎたというのが私の結論です。もちろん、日本で300年かけてもキリスト教化できなかった可能性もありますし、そもそも日本人は根本的に一神教が肌に合わないのかも知れませんが、これについては、2章の「日本へのキリスト教伝来と拒否」の項で詳述します。

ところで、ある文化の取り入れについて、日本にはある特徴があるようです。

まず初めの例として、宦官という風習についてです。日本で認識されているのは、支那（中国）の宦官制度です。支那（中国）で有名な宦官だった人の中には、司馬遷とか鄭和などがいます。日本は、漢字をはじめ、都の作り方、律令制度など色々なものを支那（中国）から取り入れたにもかかわらず、宦官制度を導入することはありませんでした。その理由として、日本は農業国で牧畜国ではなく、去勢の技術がなかったからだとか、仏教国で残酷なことを好まなかったからとか色々な説がありますが、それだけでは説明できません。

我々は、宦官と言えば支那（中国）しか頭に浮かんできませんが、実際には、インド、オリエント、ギリシャ、ローマ、イスラム世界等にもあり、ローマ帝国、特に東ローマ帝国においては、宦官の中にも、諸々の実務的あるいは政治的能力を発揮し、かなり高い地位に就くものも出てきました。そのうちに、宦官自体がトップ権力者に対する対抗勢力あるいは批判勢力になることもあったようです。宦官制度というものは、私の想像ですが、王様の後宮において、事務を執る職員が男では、後宮の女と男女の関係になる恐れがあり、それを防ぐためと思います。しかし、徳川将軍の大奥でも同じニーズはあったと思えるにもかかわらず、それでも宦官は導入しませんでした。

日本が同様に、かの国の制度をまるまる導入しなかったもので比較的認識されているものに、科挙制度などもあります。他にも、儒教の導入の仕方も朝鮮半島の国家、例えば李王朝が徹底的にそのまま導入したのに比べ、日本人は、適当に取捨選択して導入しています。徳川幕府の公式の学問が朱子学だったとはいえ、李王朝のように徹底的に取り入れたところに対して、弊害が少なくて済んだことは間違いありません。

この日本人の物事に徹底しないという体質は、欠点でもありますが、徹底的な導入によって、大きな欠点も導入してしまうという大きな問題を避けることにもつながってきました。具体的には、戦後アメリカから入ってきたことを完璧に導入していたら、今頃日本という国は消滅していたかも知れません。恐らく、マルキシズムなどもそうやって徹底的な導入を避けたものの1つだったのでしょう。1つの思想や風習に、100パーセントどっぷりとは浸からないことが安全弁になっているのではないでしょうか。

いずれにしても、日本にとって、スペインかポルトガルの植民地にならず、あるいはキリスト教を拒むために武力による大変な抵抗をしないで済んだのは、大変幸せなことだったと、私は思います。

第2章　世界史の中で日本はどのような位置にいたか

1．白村江の敗戦と当時の危機意識

白村江（はくそんこう、又ははくすきのえ）の戦いについては、多くの日本人は多少なりとも知っていると思いますが、一応おさらいをしておきます。これは天智天皇の治下の663年10月に朝鮮半島の黄海側で起こった戦いで、新羅に滅ばされつつあった百済の支援要請によって日本は出兵したが、唐と新羅の連合軍、特に水軍に大敗した戦いです。

しかし、単に戦いの情況を書いただけでは意味がありません。そこに至る伏線というか、日本（倭）が、どのように朝鮮半島と関わってきたか知る必要があります。事実関係からいうと、満洲・朝鮮の国境から少し満洲に入ったところに広開土王の碑があり、この碑文に、倭が391年に海を渡ってきて百済を破ったと書いてあるように、この碑文が信用できることは証明されています。また、朝鮮半島の一部（現在の全羅道）のみに日本由来の前方後円墳があり、また、日本の糸魚川地方のみから採れる翡翠の飾り物があることは事実として分かっています。

では、任那とか加羅へは倭は何のため進出したのか、また植民地に送り込む人材がそんなにいたのか等、詳しいことはあまり分かりません。植民地を持つ必要性、あるいは目的を考えて見ると下記のように分類できると思います。

1. 耕地、牧草地、貴重な資源等を確保するため。
2. 安全保障上の必要性。
3. 宗教上の理由。本来の居住地で迫害された人々が新天地を求めて、あるいは宗教上の使命感から、他人の土地を侵略する。マニフェスト・デスティニーが例。
4. 単なる征服欲から。単なる征服欲の例としては、アレキサンダー大王の東方への遠征があり、宗教上の理由の例は、白人のアメリカ大陸への植民、特にメイフラワー号でやってきたピューリタンの例などがある。

しかし、任那や加羅については辞典などを見ても、諸説あってはっきりしない面が多いのです。現象として百済を支援することになった経過は理解できますが、日本（倭）がそこまで肩入れしなければならなくなった根本原因については不明点があり、私は歴史学者ではないので、この辺には深入りせず、白村江以後の、我が国の変化に重点をおいて書くという判断をしました。

　この敗戦により、日本は朝鮮半島にあった領地や権益を失い、国土防衛の処置、外交関係の見直し、そして統治の体制などの見直しが必要になり、現実に多くの改革を行いました。国防上は対馬や九州北部そして瀬戸内海の沿海部に砦を築き、防人を配備し、更に都を海に近い難波から大津に移しました。

　第二には、国の制度・組織を改めました。具体的には、近江令法令群、飛鳥浄御原令の制定など、律令国家による中央集権体制が築かれました。

また、大陸の唐や朝鮮半島諸国との外交関係も色々な選択肢が検討されたようです。結果として、唐との友好関係を取り戻しました。

　敗戦はネガティブなことですが、一方、当時としては、国の近代化が為されたきっかけになったとも言えます。

　しかし、この危機意識は、日本の現代人が今持つべきなのに、ほとんどの人に欠如していいます。アメリカは、今支那（中国）の危険性に目覚め、対中政策を転換しつつありますが、日本人も目覚める必要があります。

2. カール大帝と神聖ローマ帝国

カール大帝は、フランスでは「シャルルマーニュ」と呼ばれています。シャルルは、フランス語のカールで、またフランス語ではドイツのことを「アルマーニュ」というので、「ドイツのカール」のフランス語読みに過ぎません。

彼はザクセン戦争（772~804）によってゲルマンの信仰と祭祀を守っていたザクセン族を征服してキリスト教を強要し、結局、教皇レオ3世による戴冠（800年）によって、ヨーロッパ全土がキリスト教文化圏となりました。

教皇がカール大帝に戴冠した理由は、当時、北アフリカの海賊の害が、シチリアや南イタリアのキリスト教徒が大変な被害を受けているにもかかわらず、西ローマ帝国はとうに滅亡し、東ローマ帝国も西側のキリスト教徒を助ける余力がなく、そのままでは、北アフリカのイスラム教徒にキリスト教徒が蹂躙されっぱなしになるので、強い力を持つようになった彼に頼って、イスラムの海賊を防ごうとしたと考えられます。

カール大帝のフランク王国は、現在のヨーロッパの主要部をまとめて統治し、現在のオランダ・ベルギーとの国境近くにあるアーヘンに都を定め、今の西欧全体に及ぶ地域を領土としました。ある意味、ヨーロッパ人は8~9世紀に今のEUのように統一国家を経験しているのです。日本で言えば、平安京が都となった頃のことです。

ところで、このカール大帝による統一ヨーロッパは、カール大帝の死後、その息子たちによって分割統治され、その後、現在の独立国ごとの体制になっていきます。一人の天才によって統治された体制は、その人の死と共に終わってしまう例はいくらでもあります。アレキサンダー大王の大帝国が、大王の死後どうなったかなどと共通の歴史的事象です。

このカール大帝の戴冠により、ヨーロッパ諸国がキリスト教化した結果、本来の民俗宗教である多神教を失い、現在では、その痕跡は史跡として残るのみです。

3. 中世とは何か

封建制という言葉は、一般には、例えば「あの頑固親父は、すごく封建的で、しょうがない」などのように否定的な意味で使われますが、学問的には、良い悪いの問題ではなく、主に土地の領有権を中心になり立つ統治のあり方を指すのです。そして、封建時代の中に包含されているのが「中世」という時代です。

中世は、古代と近世の間にあって、何か主体性のない時代のように見えます。だからかどうか分かりませんが、歴史的事件をもって、区切りを付けることが、ヨーロッパでも日本でも一般的です。

ヨーロッパでは、西ローマ帝国の滅亡（476年）で始まり、東ローマ帝国滅亡（1453年）、日本では鎌倉幕府開府（1185年もしくは1192年）から応仁の乱（1467年）頃、あるいは織豊政権が始まるまで（16世紀の半ば）というのが、もっとも分かり易い区切りです。しかし、世界中全体を俯瞰して、「中世がいつ始まりいつ終わったのか」を決めることはできません。ヨーロッパ全体でも決めるのは無理です。

学術的には、中世とは何か、まず定義を決め、定義に合わせて、この国ではいつからいつまでと決めていくのが、一番合理的であると思います。必然的に、国によって、中世の年代的な開始時や終了時は異なります。また、何かのイベントをもって、断層的に時代が変わるわけではなく、前の時代や後の時代との間に過渡期的な時があります。何が基準になるかというと、その国の統治の仕組みが判断基準になると思います。

そういう目で見ると、日本の中世の始まりは、かなりはっきりしていると思います。鎌倉幕府の成立というのは、平氏政権の時代という先駆的なものがありますが、かなり明確に区切れる、まさに中世が始まったエポックメーキングな出来事であったと思います。更に、鎌倉幕府の成立は、日本の中の権力と権威を分離したもので、このシステムのお陰で、皇室も続いたのだと思います。こういうシステムがないと、権力の交代と共に権威も変わり、易姓革命になってしまいます。一方、北条の執権政治のように、建前あるいは名目上の権力者、将軍と実際の権力者、執権が別にいるようなシステムも日本的なものだと思います。

一方、伝統的なヨーロッパ中世の定義として、西ローマ帝国が滅亡して中世が始まり、東ローマ帝国が滅亡して中世が終わったとする考え方については、確かに単純明快ではありますが、社会体制の中の本質的な部分に触れていません。そこで以下のような新しい考え方も出てきました。

それは、ゲルマン民族の大移動が収拾され、彼らが定住化し、キリスト教も大衆に浸透し、封建制社会が確立した9世紀から10世紀頃を中世の始まりとし、国王が国内を統一し絶対王政による強大な中央集権体制を築いた16世紀の末ころをもって中世の終わりとする考え方です。そうすると、日本とヨーロッパの間の時代の差は縮まります。

その萌芽としては、トゥール・ポワティエの戦いに参戦したフランク王国では、土地を媒介とした主従制度ができていたようです。それは日本の鎌倉幕府と武士の間の「御恩と奉公」の関係とほぼ同等で、そこには騎士道精神という、武士道精神と類似の精神が存在しました。

それに対し、アメリカや支那（中国）には、日本とヨーロッパに存在した中世がないので、騎士道精神や武士道精神がなく、戦争の仕方なども違ってきたと思います。実際、戦時国際法にも、騎士道精神は反映されています。

さて、アメリカという国には中世はありませんが、アメリカ人の祖先はヨーロッパで中世を経験しています。もっとも、米兵の中には戦死した日本兵の遺体から記念になるもの金になるものを奪っていった例が多々あるようですが。

それに対し支那（中国）の国民政府軍は、捕虜の虐待どころか遺体の陵辱を恣《ほしいまま》にしていました。通州事件での一般日本人に対する残虐行為は、アメリカ人記者をして「史上最悪の屠殺行為」と言わせています。「生きて虜囚の辱めを受けず」という言葉があり、日本軍の不条理さを現していると説く人もいますが、現実論として、国民政府軍に捕まれば、酷いことをされる、殺されるより酷い目に会う、戦死した方がましだという意味もあったかも知れません。

4．ノルマン・コンクエストと文化の伝播

ノルマン・コンクエストは、11世紀の中頃、イングランドの王位継承争いに、フランス北部ノルマンディー地方の王ギョーム2世が介入して最終的にイングランドを征服し、ウイリアム1世となった事件のことです。この時、王やその周辺の人は、フランスから行った征服者に変わりましたが、庶民は、もとのままだったので、面白い現象が起こりました。

上流階級で使われる言葉はフランス語に起源を持つ言葉、庶民階級が使う言葉は、元のサク

ソン人の言葉です。上流階級が必要とする動物についての言葉は、食べるために肉となり調理されて出てくるときに使うものです。一方、庶民階級が使うのは、まだ生きていて、その動物の世話が必要なときの言葉です。

例を挙げますと、食べる豚肉は、「pork」ですが、これはフランス語の「porc（発音はポール）」から来たものです。しかし、世話をする必要のある生きた豚は「pig」でサクソン人の言葉です。牛肉は、英語が「beef」でフランス語は「beuf（発音はブフ）」ですが、生きている間の牛には英語とフランス語の関係はありません。このように、英語にはフランス語由来のものがたくさんあります。

しかし、思考の方法が全く違います。一貫した論理を通したがるフランス人（カルテジアン＝デカルト主義者と言います）、結果良ければ、理屈は二の次とする現実主義者のイギリス人といったところです。極端な表現をするあるフランス人は、イギリス人が考えることは、全く理解できない、まだドイツ人の考え方の方が理解できると言っていました。

ほとんどの日本人は、イギリスもヨーロッパだと認識していると思いますが、少なくとも私がフランスに住んでいた1970年代は、お互いにイギリスはヨーロッパではないと認識していました。ヨーロッパというのは、大陸側だけのことです。だいたい、標準時も、イギリスと大陸側では変えていましたし、夏時間との切換えも、1週間くらいずらしており、その時に、イギリスから大陸へ、あるいは、その逆で旅行するときは、航空機の発着の時間がめまぐるしく変わり、出張などの行き来に不便しました。

イギリスと大陸は、日本と朝鮮半島より近く、ドーヴァー海峡は泳いで渡る人がいるほど近いのですが、文化は結構違います。食事の作法も、スープの飲み方、食べていないときの手を置く場所などが違います。

ジョークですが、フランス式では、食べていないとき手をテーブルの上に置くのは、フランス人は、手を下に置くと、何かご婦人に怪しからぬ事をするからだというのがあります。

5. 反ユダヤ主義はヒットラーの専売特許ではない

反ユダヤ主義あるいはアンチセミティズムというと、ヒットラーのホロコーストと反射的に考える人が多いと思います。一方、現代のアメリカやヨーロッパにおいては、特にアメリカにおいては、極端な親イスラエルが見られます。トランプ大統領なども、娘婿がユダヤ教徒であることと、キリスト教の中で多数派の福音派（エバンジェリカル）の票目当てか、極端な親イスラエルのパフォーマンスをします。

しかし歴史的には、ヨーロッパでもアメリカでもあるいはロシアでも、反ユダヤ感情はかなり根深く迫害も行われてきました。反ユダヤ感情の根にあるものを考え、それが今は本当に消えてしまったのかを考えて見ましょう。

そもそもキリストをユダヤ教の異端としてローマ総督ピラトに告発し、結局十字架に架けさせたのはユダヤ人のラビたちですから、キリスト教徒が反ユダヤになるのは、理由があります。キリスト教徒ではない日本人は、その点ユダヤ人に特別な反感を持つ理由がありません。

また、ヨーロッパにおいて、歴史的に金融業（金貸し）は卑しい職業として、キリスト教徒から嫌われ、非ユダヤ系の白人ではあまり職に就く人がなく、色々職業上の制約もあったユダヤ人に残された数少ない職業の1つになり、ユダヤ人を象徴するような職業となりました。ユダヤ人＝金貸しのようなイメージができたのは、必ずしもユダヤ人が好んで金貸しをしたからというわけではないかも知れません。

シェイクスピアの『ベニスの商人』の中でも、悪役の金貸しとして登場するわけです。そこで、悪徳のユダヤ人金貸しに苦しめられるヨーロッパ市民というイメージができ上がり、ユダヤ人が憎悪の対象になったのでしょう。

しかし、一部のユダヤ人金融業者は、ヨーロッパの諸侯、貴族の資産の管理や利殖の面倒を見たりして、上流社会に食い込んでゆく人もいました。ユダヤ人資産家として有名なのは、ロスチャイルド（Rothschild　ドイツ語ではロートシルト）家です。

ロートシルト家は、初代をマイヤー・アムシェル・ロートシルト（1774〜1812年）といい、フランクフルトのゲットー（ユダヤ人居住区）出身です。古銭商から始めて傭兵業にまでも手を広げ、また諸侯の一人であるヘッセン選帝侯（神聖ローマ皇帝を選挙する権利を持った諸侯）の巨額の資産の管理権と事業権を持つ宮中代理人の称号を得るまでになりました。

彼が亡くなるときに残した遺言により、5人の息子たちを、ドイツ、イギリス、フランス、オーストリア、イタリアに配し、ロートシルト家は世界に手を広げて活動するようになりました。その時の家訓として残したことを示します。

1. ロートシルト銀行の役員は一族で占めること。
2. 事業への参画は、男子相続人からのみにせよ。
3. 一族に過半数の反対がない限り、長男が家を継ぐこと。
4. 婚姻は一族間で行え。
5. 事業内容の秘密を厳守せよ。

その後、戦争などで、その情報網により人より先に情報を得られたという有利な条件を利用し、かなりあくどく稼いだ例があります。

有名な話としては、ナポレオン軍とイギリス・オランダ・プロシアの連合軍が戦ったワーテルローの戦いで、あたかもナポレオン軍が勝ったかのように、イギリスのロスチャイルドはイギリス国債を売り、市場でイギリス国債が暴落したのを見て、安値でその国債を買い、真相（連合軍の勝利）が分かって、イギリス国債が高騰し大儲けをしたという話があります。

なお、現在では、ロスチャイルドはトランプ大統領を支援しているということで、トランプ大統領は相当極端なイスラエル寄りの姿勢を示していますが、信仰よりも選挙を意識したものではないかと思います。つまり、アメリカのプロテスタントの中では最多数の福音派の支持を得るためだと思います。

いずれにしても、ユダヤ人は、ユダヤ人がおかれた諸々の条件からグローバリズムになる必然性を持っています。

ユダヤ人迫害で有名なのは、ナチのホロコーストですが、もっと長い歴史を持つのがポグロムです。ポグロムというのはロシア語で、「破滅・破壊」を意味しますが、歴史的にはユダヤ人に対して、計画的に広い範囲に渡って行われた暴力行為に対して使われます。

13世紀に、その権利と安全をポーランドで庇護されたことから、ユダヤ人がポーランドに集まりました。しかし、宗教改革を起こしたマルチン・ルターは、その著書『ユダヤ人と彼らの嘘について』において、ユダヤ人への激しい迫害と暴力を理論化し、熱心に提唱しました。おそらく、キリストを十字架に架けて処刑するについてユダヤ人が果たした役割を考えてのことが第一の原因だと思います。ルター派は、そのことについて謝罪して取り消していますが、教祖のような人が書いたことを、信徒が取り消したりできるものでしょうか。

ポーランドでの庇護は、1795年に第3次ポーランド分割により、ポーランド・リトアニア共和国が消滅してなくなりました。その後、1819年のドイツのヴュルツブルグでポグロムが発生すると、瞬く間にドイツ文化圏の全域に大規模な反ユダヤ暴動が広まり、1821年にはオデッサ・ポグロムが起こりました。

ロシア帝国では、社会的不満の解決をユダヤ人排斥に誘導したので、ユダヤ人排斥が助長されました。ユダヤ人の銀行家シフが、日露戦争時、日本の国債を買って日本を応援したのは、ロシアの帝政に対するユダヤ人排斥に恨みを持ち、帝政を打倒する側を支援する行為だったのです。結果として、日本支援になったのですが、その背景には、このような事情があったのです。

日本がシフに勲章を与えたのは、1つの副産物に過ぎませんが、自国が関与しないことが、結果として自国に影響を与えるという、考え方によっては怖い現実の例です。日本の政治家や官僚たちは、世界のどこかで起こる事件が、思いがけず日本に影響を与える可能性があることを理解し、いつも情報に感受性を研ぎ澄ましていなくてはならないのですが、大丈夫でしょうか、かなり心配です。

ここで述べたように、ユダヤ人迫害は、ヒットラーの独占物ではありません。キリスト教徒の欧米人には、潜在的にユダヤ人に対する反感が残っていると思います。逆にキリスト教の信仰が薄れてく程、この感覚も薄れていくのかも知れません。

それにしても、アメリカの福音派が、なぜ極端にイスラエル贔屓なのか、私には謎です。イスラエルあるいは在アメリカのユダヤ人が、よほどうまく福音派に工作して、福音派を完全なプロユダヤあるいはプロイスラエルにしたのかも知れません。

今では、反ユダヤは、いわゆるポリティカリー・インコレクト、政治的に良くないこととされていますが、過去に、余りに酷い迫害をした反動なのでしょうか。将来、反ユダヤが復活する可能性は無いのでしょうか。

日本では、宗教的に反ユダヤになる可能性はありません。むしろシフの行為を知っている人は、ユダヤ人に良い感情を抱いているかも知れませんし、関東軍の樋口季一郎や東條英機がユダヤ人に好意的な処置をしましたが、彼らはシフの行為を知っていたのかも知れません。

確かに、ロスチャイルドの一族は随分ずるがしこく儲けており、それだけを重視すると、ユダヤの陰謀論に与したくなるかもしれませんが、日本人は、ユダヤ人あるいはイスラエルとの付き合いを、どう考えてゆけばよいのか、世界中の情報を得ると共に、国益第一で考えるべきだと思います。

6．ルネサンスと宗教改革そしてカルヴァンとルター

ルネサンスというのはフランス語で、ル（再び）とネサンス（生まれる）を組み合わせた言葉で、意味としては復活とか再生という意味です。何に復するのかといえば、ギリシャ・ローマの文化あるいは文明です。その前提としては、中世は暗黒時代であったという認識がありますが、時代が進み、諸々の研究が進むにつれ、中世に対する認識も変わり、必ずしも暗黒時代ではなかったという認識になってきました。したがって、ルネサンスは中世に対する時代区分とみるよりは、美術、文藝その他に起こった新しい動きとみる方が穏当であると思います。

私は、ルネサンスを全面的に論じる知識もないので、ここでは、読者の皆様も名を聞けば、覚えているルネサンス期に各界で活躍した人を列記し、あとは宗教改革との関係を論じてみます。

有名なのは、美術の世界では、レオナルド・ダ・ビンチ、ミケランジェロ、ラファエロ、ボッティチェリ、ティツィアーノなど、文学で、ダンテ、ペトラルカ、ボッカチオ等です。

一方、1527年5月に起きたローマ劫掠（410年に起きたものとは別）は、フランスと神聖ローマ帝国との間の紛争に教皇クレメンス7世がフランスと組んだため、ローマに攻め込んだ神聖ローマ帝国の兵士にはカトリックを憎むルター派のものが多く、ローマ等で殺戮、破

壊、強姦などを激しく行ったものです。日本で言えば、応仁の乱と戦国大名が生まれて、信長、秀吉、家康などが勃興し、美術・工芸その他で華やかな安土桃山時代を迎えようとしていた間のことです。

それにしても、ヨーロッパにおける諸国民間の争いや興亡は複雑で厳しく、ヨーロッパ人は、日本人に比べ多くの修羅場を体験し、抜け目なくなったものと思います。しかし、このローマ劫掠を機に、イタリア・ルネサンスも勢いを弱め、収束することになります。

ルネサンスと宗教改革は何かつながりがあるでしょうか。おそらく、時代の雰囲気として、自由な思考、キリスト教の倫理観という束縛からの脱却などは、宗教改革を後押しする力として働いたでしょうが、運動として具体的なつながりがあったようには見えません。

一般的日本人は、宗教改革というと、先ずマルチン・ルターを思い浮かべるでしょう。しかし、日本に色々影響を与えたのは、勿論間接的ですがカルヴァン (Jean Calvin) あるいはカルヴァン主義のほうですが、その活動は主にスイスのジュネーヴにおいて行われ、ジュネーヴの南郊にある宗教改革記念碑 (Monument de la Reformation) の壁に刻まれたレリーフの人物像にいるのは左からファレル、カルヴァン、ベーズ、ノックスの四人で、ルターはいません。

ルターとカルヴァンの違いは何でしょうか。ルターの生涯は１４８３年から１５４６年、カルヴァンの方は１５０９年から１５６４年ですから、その活動期は充分に重なっています。ですから、両者の思想の間に重大な違いがあれば論争する機会は充分あったと思われます。しかし、どんなに調べても、それぞれの思想や活動は述べられていますが、二人が論争したという話はなく、同じキリスト教プロテスタントとして、更に派を分かつような決定的対立があったようには見えません。すこし冷静に見ると、どんなグループや団体にも見られる人脈など思想とは関係のない面の差で派閥ができるように、派が分かれているのではないかとさえ思われます。

いずれにしても、カルヴァンの思想がイギリスに（西欧諸国は勿論）伝わり、更に、その中の極端な思想の人たちである清教徒が迫害され、その一部の人たちがメイフラワー号に乗ってアメリカに渡ったのです。ペリーが属した宗派がなんであったかは分かりませんが、ピューリタン（清教徒）の思想の影響を受けているものと思います。

7．大航海時代

「大航海時代」という名称は日本人の命名です。それまでは、「大発見時代」というヨーロッパ人の見方による名称が使われていましたが、それは一方的な見方だということで、1963年に増田義郎が『大航海時代叢書』（岩波書店）が企画されたときにつけた名前ですが、中々良い命名だと思います。

大航海時代が現出した原因を分析してみました。原因を2つに分けると、(1)ポルトガルとスペインが持っていた条件と(2)幾つかの他動的な条件です。ポルトガルやスペインが持っていた条件から説明しますと、以下のようになります。

イスラム勢力は、ムハンマドがイスラム教を起こしてから100年も経たない710年にジブラルタル海峡を越え、イベリア半島に上陸しました。710年代の終わりには、イスラム勢力は、イベリア半島を北上し、カンタブリア山脈以北及びピレネー山脈以北までキリスト教勢力を追い詰めました。イスラムの統治者は宗教的に寛大で、キリスト教徒に改宗を強制しませんでしたが、その代わりに人頭税を要求しました。

718年に、西ゴート王国の貴族と称するペラヨがアストゥリアス地方でキリスト教徒を率いて蜂起し、これがレコンキスタ(スペイン語:Reconquista)の始まりとされます。レコンキスタとは、「レ(再び)」と「コンキスタ(征服)」ということで、イスラム勢力に征服された国土を取り戻すという意味です。

アストゥリアス王国は段々と力を付け、徐々に南への反攻を開始しました。732年にはトゥール・ポワティエの戦いで、キリスト教勢力はイスラム勢力の侵攻に待ったを掛けたことは既に書きました。

一方、1139年にはポルトガル王国成立（ローマ教皇承認は1179年）、1472年にはスペイン王国が誕生し、強力な中央集権国家が誕生、大航海時代に覇を競う両王国がそろいました。本書は、レコンキスタを詳細に説明するのが目的ではないので途中を端折りますが、イスラム教勢力、キリスト教勢力双方内紛があるなど紆余曲折を経て、13世紀の半ばには、難攻不落のグラナダを除いて、イベリア半島は、キリスト教勢力のものとなりました。つまり、その頃には、ポルトガル、スペイン両国はキリスト教徒にとっての失地を回復し、絶対王政の中央集権国家を打ち立て、国民の民族意識や活力も高揚したわけで、それが大航海時代の精神的裏付けになったわけです。

グラナダのアルハンブラ宮殿は有名観光地となっていますが、イスラム勢力とキリスト教勢力が一進一退を繰り返した地帯、特に、スペインやトルコでは、イスラム寺院がキリスト教の寺院になったり、その逆があったりで、建築に両者の混交が見られ、観光に行くと、その独特の姿を見ることができます。

次に他動的な要因について見てみましょう。

15世紀には、モンゴルが衰退し、代わってオスマン帝国が興隆、1453年にビザンツ帝国が滅びました。そして、オスマン帝国は地中海の制海権を握り、地中海交易を支配し、東西の貿易に高い関税を掛けました。そこでヨーロッパ諸国は新たな交易ルート渇望するようになりました。

一方、アジア方面との貿易による利益が膨大になってきて、地中海貿易にはあまり参加できなかったポルトガル、スペインにとって、大きな利益が出る海上航路を開発することへのニーズが大きくなりました。

最後のピースは、長距離の外洋航行を可能にするハードウェアです。地中海のような内海に近い海から大西洋という外海を、それも長期間航海できる船が15世紀の地中海で開発されたのです。それがキャラック船で、3本マストから後に4本マストのものも出現。全長30〜60メートル排水量200〜1500トン、複層式の船首楼（フォクスル）と船尾楼を持ち、前のマストとメインマストに横帆、ミズン（後ろの）マストに縦帆を装備し、帆の増減が自由でした。後には、最後部にジガーマストが追加されました。弱点は回転性能が悪いことです。

キャラック船の例としては、コロンブスが1492年のアメリカ（発見）に使ったサンタ・マリア号、初の世界一周をなしとげたマゼランが使ったビクトリア号があります（マゼランはフィリピンで殺されますが、後は船長が率いて、1522年9月にスペインに帰着）。ちなみに、私が滞米中にいたオハイオ州コロンバス（コロンブスの英語読み）の河には、サンタ・マリア号のレプリカが浮かんでいます。最近BSテレビで、スペインの町トレドの紹介がり、その中で海洋博物館が出てきました。そこには、サンタ・マリア号の模型が展示されており、銘板には、NAOの字がありましたが、これはキャラック船のスペイン語です。

また、日本の種子島に鉄砲を伝えたのはジャンク船で、1547年のことです。16世紀の半ばからは、ガレオン船に進化し、アジア貿易に使われましたが、小さめの船首楼と4~5本のマストを持っていました。例としては、イギリスの海賊でサーの位を授けられたフランシス・ドレークのゴールデン・ハインド号があります。

1588年にスペインの無敵艦隊を破ったイギリス海軍のガレオン船は、単縦陣を組んだ艦隊による一斉射撃という戦術を確立しました。日本海海戦での東郷艦隊は、この単縦陣で、かつ多くの艦が、その砲撃を集中できるように運動しました。

日本では、徳川家康が、1607年にウイリアム・アダムス（三浦按針）に伊豆の伊東で作らせたのが、日本最初の西洋式大型帆船サン・ブエナ・ベントゥーラ号（120トン）で、フィリピン総督ドン・ロドリコのアカプルコへの帰還に使用され、日本人22名も同乗しました。

また、1613年には、伊達政宗がサン・ファン・バウティスタ号（500トン）を石巻で建造しましたが、この建造は、地元の職人により行われました。この船は支倉常長をアカプルコまで乗せていき、帰りも彼らを乗せて帰りました。また、この船の復元が日本の在来工法で行われ、船のレプリカは今でも石巻港に係留されています。

大航海時代に活躍したのは、ポルトガルとスペインですが、放っておけば各所でぶつかり武力による衝突も起こります。ポルトガルもスペインも旧教国です。そこで、ローマ教皇が仲介して、まず1494年にトルデシリャス条約が結ばれ、丸い地球を区分するのに1本の線では不十分であることに気付き、1529年サラゴサ条約が結ばれたのです。

やや不規則なのは、これらの条約に従えば、ブラジルは、その東北部がポルトガル領になっているだけで、あとはスペイン領のはずですが、協議の末、全土がポルトガル領になり、残りの中南米はすべてスペインのものになりました。日本も、これらの条約に従えば、ポルトガルとスペインに二分されています。しかし、ポルトガル・スペイン以外の国々や、植民地にされた国々から見れば、ポルトガルとスペインが勝手に世界を二分するとは何だと怒りたくなるでしょう。

ところで、ポルトガルとスペインの違いは何かあるでしょうか。国としての体制が整ったのはポルトガルが先でしたが、中南米のほとんどを制したスペインの方が大きな利を得たように見えます。

「スペイン人は残酷で、原住民を多数殺戮したので、アルゼンチンには有色人種や白人と有色人種との混血は見かけなかっただろう、ポルトガルが植民したブラジルは、そんなことはしなかったので、色々な人種が雑多に見られるはずだ」

これは、私が、工場建設の可能性を探るためにアルゼンチンに行き、帰途ブラジルに寄ったときブラジル人から聞いた話です。確かに、町で見かける人は、ブエノスアイレスではほとんど白人ですが、ブラジルでは有色人種や混血の人がかなり多く、白人の両親から黒人の赤ちゃんが生まれるケースも珍しくないようです。しかし、ポルトガル人とスペイン人の気質に、そのような差があるのかは、実証的に分析したわけではないので分かりません。

最後に、大航海時代に、ポルトガルとスペインが上げた成果について見てみましょう。もちろん、これは一部の航路の発見を除けば、ポルトガルやスペインによる植民地化、あるいは資源の収奪ですが、一応、ここでは、ポルトガルとスペインの立場から見た成果ということにしておきます。

それにしても、コロンブスやマゼランは、当然、海図・地図の類いもなく、また六分儀は18世紀の半ばに発明されたので当時はなく、未知の海域で自分の位置を正確に知る手段がなく、船を走らせてゆけば陸地に出会うとか、世界一周できるという保証はまったくなく、行けども行けども大海原だったり、都合のいい風が吹いてくれるのか、無風帯で立ち往生してしまったりしないか等の不確定な要素が多く、ひょっとすると命を失いかねない冒険に乗り出したわけで、その勇気には今更ながら感心します。

それらの代表例を列記してみましょう。

コロンブスは、１４９２年サンタ・マリア号に率いられパロス港を出港。１４９２年10月12

日バハマ諸島に到着。翌年スペインに帰着。西回り航路で、西インド諸島を発見したと宣言。バハマ諸島をインド周辺の島と誤認。彼自身の責任ではないが、スペインは交易品を求めて中南米に進出。豊富な金銀を奪い、現地人を牛馬の如く酷使しました。

１５００年、ポルトガルのカブラルがブラジルに来航。ブラジルがポルトガル領になる原因となりました。

マゼランはスペインの命令を受けて、１５１９年8月セビリアから5隻の船に２６５人の乗組員を指揮して出発しました（セビリアは内陸部だが、河を下って海に出た）。１５２０年8月マゼラン海峡を通過。１５２１年フィリピンに到着したが、フィリピン中部の島で、原住民の酋長に殺されました。しかし、船長のエルカーノが指揮を引き継ぎ、ビクトリア号1隻だが、１５２２年セビリアに帰着、地球が丸いことを実証しました。

一方アジアでは、１５７１年メキシコを出発したミゲル・ロペス・レガスピによって征服されたフィリピンはスペイン領になりました。フィリピンという名は、当時スペイン王子だったフェリペにちなんで、フィリピナス諸島とよんだことから来ています。国の名前が外国語由来というのも悲しいですね。最近、フィリピンで国名を変えようという動きがあるそうです。

他にも同じようなケースがあり、アフリカにある「シエラレオネ」という国名は、ポルトガル語で「ライオンの山」という意味です。

ポルトガルは、日本への鉄砲の伝来に関係し、1543年に種子島に漂着したジャンクに乗っていたポルトガル人から、島の領主・種子島時堯《ときたか》が二丁の火縄銃を買い、これを真似て鉄砲を制作して日本に火縄銃が広まったというのが定説になっています。しかし、鉄砲は色々なルートで日本に入ってきたという多重伝来説ほか異説があります。私には、多重伝来説のほうが本当らしく見えます。

その後ポルトガルは、1510年にインドのゴアに侵攻して領土にして、アジアの拠点にし、1530年にはアジアの全植民地を統括するようになり、東洋のローマと呼ばれました。ゴア—リスボン間に定期航路も開きました。フランシスコ・ザビエルが東アジアの布教に出発したのもゴアです。また、ポルトガルはマレーシアのマラッカにサンチャゴ砦を築きました。マラッカ（メラカ等とも呼ばれる）はマレーシアの首都クアラルンプールの南100キロメートルあまりの所にあり、ポルトガルの遺跡を観光資源にしています。さらに香港に近いマカオは、1999年までポルトガル領で、ポルトガル風の建築物が多く残っており、ユネスコの世界遺産になっています。これは、カジノと並んで、観光の目玉になっています。

ここで、鄭和と、その遠征について触れておきましょう。鄭和は明朝の臣で宦官です。先祖はイスラム教徒だったと言われています。鄭和は明の永楽帝の命を受け、艦隊を率いて何度もアフリカの東海岸まで遠征しました（1405～1430）。しかし、鄭和の遠征は、人的にも時間的にもフォローアップがなく、彼だけで終わったようです。支那（中国）としては、突然変異のようなものです。

一方、ポルトガル・スペイン以外の国、すなわちイギリス、オランダ、フランスなども、やや遅れて絶対王政を確立し、航海や探検の後援をする用意が整ってきました。特に、１５８８年に、スペインの無敵艦隊（アルマダ）が、英仏海峡でイギリスに敗れてから、イギリス、オランダなどの新興勢力の力が段々強くなり、ポルトガル・スペイン両国を凌駕するようになります。

8．日本へのキリスト教伝来と拒否

日本にキリスト教を伝えたのはフランシスコ・ザビエルだということは、多くの日本人が知っています。まず、ザビエルとはどういう人かを見てみましょう。

ザビエル（Francisco de Xavier）は、１５０６年にスペインとフランスの国境近くで生まれたバスク人です。バスク人は、フランスにもスペインにも住んでおり、その家の外観は特別です。フランス側のバスク人は、フランスの中央政府に反攻することもなく穏やかに暮らしています（私もフランス国籍のバスク人の友達がいました）、一方、スペイン側のバスク人は、長いことスペインの中央政府に反抗し、しばしばテロなどを起こしていましたが、今はスペイン中央政府とも和解しています。

ザビエルは、1525年パリ大学に入学し、そこで知り合ったロヨラに感化され、モンマルトルの聖堂（今モンマルトルにある聖堂サクレ・クール寺院は19世紀に構想されたもので、ザビエルが縁のある聖堂とは異なる）で、ザビエルを含む7名が、神に一生を捧げると誓い作った会がイエズス会です。ザビエルの生涯の仕事を決定したのはパリだということになります。

それから、彼は宣教の道を進み、1542年インドのゴアに、1545年にはマラッカに到着。1547年12月、ヤジロウ他計3名の日本人を伴ってジャンク船でゴアを出発して、日本を目指しました。明を経由して、1549年薩摩半島に上陸。その年の9月には、伊集院城で太守・島津貴久に謁見し、宣教の許可を得ました。しかし、島津貴久は仏僧の助言を聞き禁教に傾き、ザビエルは京に上ることを理由に薩摩を去りました。ザビエルがどのような宣教戦略を持っていたのかは分かりませんが、とりあえずは、薩摩はキリスト教に向いていないと判断したのでしょう。

1550年、肥前国平戸に入り宣教活動を行いました。11月上旬、周防の国山口に入り、領主・大内義隆に会いますが、キリスト教が、男色を禁じていることが大内義隆の怒りを買い、12月には山口を離れ、途中から海路を使って堺に上陸、豪商日比屋の知遇を得ました。そして、日本全国での布教の許可を「日本国王」後奈良天皇と征夷大将軍・足利義輝から得るため、そして比叡山延暦寺の僧と論争するため京に行きましたが、目的を達することができず、1551年3月には平戸に戻りました。

その後、ザビエルは再び山口に行き、今回は充分の献上品を用意して大内義隆に謁見、今度は大内義隆も宣教を許しました。本当に土産物の豪華さで、禁教から布教OKに転じたとすれば、大内義隆も随分次元の低い男ということになります。

大内義隆は、廃寺になっていた大道時を、ザビエル一行の宿舎兼教会として使わせ、約2カ月の布教活動で5～600人の信者を獲得しました。ザビエルは、豊後の国府（現大分市）にポルトガル船が入ったとの話を聞き、色々情報を仕入れようと山口を離れました。

豊後では、1551年頃から国主・大友義鎮（宗麟）の支援を受け布教活動を行いました。そして、日本を離れ1552年2月にゴアに帰り、日本で布教するためには、日本に影響を与えられると認識した支那（中国）で布教すべきだとして明に向かいましたが、病を得て1552年12月に死去しました（享年46）。

この行動から見て、ザビエルの日本布教戦略は、はじめは、天皇とか将軍に働きかけようとして失敗し、後に支那（中国）経由で布教しようとしましたが、実行に移す前に死んでしまったわけです。支那（中国）を先ずキリスト教化し、その影響力で日本をキリスト教化しようという戦略は、ザビエルの認識間違いではなかったかと思います。この時代、たとえ支那（中国）がキリスト教化しても、日本がキリスト教化するわけにはいかなかったと思います。

しかし、この時期キリスト教に同感し、いわゆるキリシタン大名になった大名や武将はかなりいます。大友宗麟、大村純忠、有馬晴信などの北九州の大名の他、小西行長、高山右近、そして黒田孝高と息子の長政ほかかなりの数を数えます。彼らのキリスト教への帰依の動機は、当時の仏教に失望していて、戦国の世で殺戮の世界に身を置く彼らの悩みを解決できない仏教への失望とか、ヨーロッパの優れた武器を入手したいとか、貿易で利を得たいとか色々あったと思いますが、秀吉の伴天連追放令により、その末路は棄教、フィリピンへの逃亡（高山右近）、刑死（有馬晴信）等様々でした。結局、島原の乱により、キリスト教はその時点で日本に根を下ろすことができず、一旦表舞台から姿を消すことになりました。

日本がキリスト教化しなかった理由には、キリスト教側の理由と、日本側の理由があります。まず上記の事実に基づき、キリスト教側の理由を考えて見ましょう。ザビエルは、日本に来てすぐ、天皇や征夷大将軍にコンタクトしようとしましたが、ローマに布教したとき、いきなりローマ帝国の皇帝にコンタクトを試みたでしょうか。そんなことはないですね。パウロがローマに布教にやってきてから、キリスト教がローマの国教になるまで３００年以上かかっています。ザビエルのように、キリスト教の布教を初めて間もない時に、天皇や征夷大将軍にコンタクトしようとしたのは無謀であると思います。キリスト教を説く下地がないのです。北九州なら北九州で地道に布教活動を行い、もっとキリスト教勢力を増やした後に為すべきであったと思います。

もう1つは、北九州でキリスト教徒になった大名の領地、特に大村純忠領で、神社仏閣の破壊活動を盛んに行ったことです。彼らの教義の偶像崇拝禁止から言えば当然かも知れませんが、過激なことは好まない、非キリスト教徒の日本人が、それをどう思うかを考えない行為です。キリスト教徒として自粛すべきでした。

そして最後は、事実かどうか確証はありませんが、外国船の船長が、旧教国の戦略は、「まず宣教師を送り込み、ある国をキリスト教化しておき、次に軍隊を送り込んで植民地化することだ」と言ったそうです。この話を聞いた秀吉は、一夜にして、キリスト教に友好的だった態度を一変させ禁教令に至ったという話です。もし、この話が本当なら、キリスト教側としてのミスです。

次に日本側の条件です。信長はともかく、秀吉や家康は、初めはキリスト教を受け入れると同時に享受できる貿易による利益を重く見て、キリスト教の布教に対し比較的甘い態度を示したのですが、神社仏閣の破壊や、終極の目的が日本の植民地化だという話を聞いて、キリスト教の禁教やバテレンの追放に傾いてきました。秀吉や家康に日本の国体を守るという意識があったのかどうかは分かりませんが、彼らが取った政策は、結果として旧教国による日本の植民地化を防いだと言えます。

さらに、当時日本あるいは日本人が持っていた文化の高さや強い防衛力が、彼らの日本植民地化の思いを打ち砕いたとも言えます。宣教師たちは、日本に来てみて、これらを感じ、いままでアフリカやアジアで植民地化したところの原住民との違いを感じ、植民地化が難しいだけでなく、キリスト教化も容易ではないと感じたものと思います。

最後は、天皇の存在です。鎌倉幕府の成立以来、天皇は政治の権限は持たなくとも権威を持っていました。もし、キリスト教を受容すると、権威が2つあることになり困ります。イエス・キリストと天皇という2つの権威を両立させる論理の構築無しでは、日本人のマジョリティに受け入れられるのは困難であると思います。

似たような理由かも知れませんが、時々テレビ番組で地方の神様や祖先を神として行うお祭りを見せてくれます。このお祭りでは、地元の神様や神となった祖先に参拝し、崇拝します。一神教のキリスト教が、このようなキリスト教以外の神を敬うことを許すでしょうか。一神教の教義に厳密に従えば、それは許されないでしょう。そういう神々を奪われることに日本人は耐えられるでしょうか。恐らく、そう言う理由で、キリスト教を受容しない日本人がかなり大勢いると思います。天皇や、地元の神、祖先の神などに代わる神的な物を見付け、日本人に提示できなければ、かりに300年の布教活動を行っても、日本をキリスト教化するのは難しいと思います。

9．アヘン戦争とアロー戦争

この時代になると、植民地化の主役は、ポルトガル、スペインから、イギリス、オランダなどの新教国に移っていました。

アヘン戦争は1839年、イギリスが、支那（中国）とインドとの三角貿易により利を得るためアヘンを無理にも支那（中国）に買わせるために起こした戦争で、イギリスが勝利した結果、南京条約が結ばれ、香港がイギリスに割譲されました。

アロー戦争は、第二次アヘン戦争とも言われ、1856~1860年に発生したイギリスとフランスの連合軍と清との戦争です。アロー号というイギリス（香港）船籍だとする船を、清の官憲が臨検し、清国人の船員12名を拘束、うち3名を海賊の容疑で逮捕し、イギリス側の主張によれば、イギリス国旗を引きずり下ろしたことは、イギリスという国に対する侮辱だとしました。フランスの方は、宣教師が斬首殺害されたという理由です。

しかし、厳密に法的な背景を調べると、アロー号の船籍登録は、期日を過ぎており、イギリス国旗を掲げる権利もなく、清国側の臨検や、一部清国人に対する逮捕も合法的なものであると考えられます。

本件については、先ずイギリス全権使節兼香港総督ジョン・ボウリングがイギリス海軍を動かし、広州付近の砲台を占領しました。一方、清国側は、アヘン戦争以降、一般人もイギリスを代表とするヨーロッパ人に反感を募らせており、たびたびの暴力的反英あるいは一般ヨーロッパ人に対する殺害、焼き討ちなどを行い、清国人がイギリスあるいはフランス人に対するテロ的な活動を激化させ、広州の反英運動は頂点に達しつつありました。

ついにイギリスは、本国から5000人の遠征軍を送り込み、さらにフランスに共同出兵を求めました。1857年12月には、英仏連合軍は広州を占領して欽差大臣（注4）を捕らえ、イギリス、フランス、アメリカ、ロシアは、全権大使連名により、北京政府に条約改正（もちろん、彼ら有利に）を求めましたが、清の回答に不満で、天津を制圧し、天津条約を結ばせました。公使の北京駐在、キリスト教布教の承認、英仏に対する賠償金の支払い、内地河川の商船の通行の承認等でしたが、本条約による関税率改訂により、アヘンの輸入が、実質的に公認化されました。

1859年6月、英仏の艦隊は天津条約の批准のために天津の南の白河河口に来港しましたが、清の砲台からの砲撃その他で英仏連合軍が清に敗れ、上海に引き上げました。

そして、1860年英仏側は、大艦隊と約1万7千の兵で再度来航、清の砲台を占領し、北京に迫り、咸豊帝は熱河に避難しました。一方、清国皇帝の命で捕らわれていた使節団のうち11名が拷問の上殺害されました。その報復として、英仏連合軍、特に仏軍は円明園を略奪、英軍は捕虜殺害の報復として円明園を焼き払いました。これらの英仏軍の振る舞いについては、英仏はお互いに相手を非難しています。

結局、1860年には連合軍は北京を占領、北京条約が結ばれました。この条約により、天津の開港や九竜半島のイギリスへの割譲などが決められました。また清は、1858年にはロシアに対しては、愛琿《あいぐん》条約で外満洲（現沿海州）を正式に譲り、ロシアはウラジオストックを建設、ロシア太平洋艦隊を常駐させ、のちに日露戦争の遠因になりました。日本では、アメリカのハリスが日本と交渉する際、アロー戦争とインドの大反乱を引き合いに出し、イギリスが日本に出兵する可能性をほのめかして圧力を加えました。

こういう手法は、もっとスマートになったとしても、変わらずに続いています。世界の外交の標準的手法です。根本的には、ヨーロッパの植民地主義、あるいは重商政策によるものですが、清の方（一般人を含む）も、ヨーロッパ人に対する反感を暴力的に表現し、特に人を惨殺したりする行為に走ったりしたので、英仏の報復を受ける要因を作っています。その点、日本は、攘夷思想はありましたが、清で起きたような外国人の惨殺事件は、ほとんど無く、生麦事件のようなことが起きても、時の中央政府である徳川幕府も穏当な処置をしたため、大事にはなりませんでした。

支那（中国）の国民というのは、反日でも同じですが、すぐ暴力的な行動を起こすようです。進出する企業が多いわけですが、よほど、気をつけて情報を入手し、緊急時に備えた行動のマニュアル的なものを用意しておく必要があります。

スズキ自動車は中国から撤退を決めました。真の理由は分かりませんが、後で、スズキ一社が賢かったというようなことにならないとは言いきれません。

一方、特にアヘン戦争の話は、明治維新の志士の耳にも伝わってきて、日本の国内での佐幕勤王の争いを早く収束させる影響を与えたものと思います。

10．マニフェスト・デスティニーと偽書・田中上奏文

「マニフェスト・デスティニー」という言葉は、1845年、ジョン・オサリヴァンが用いたのが初出であり、短期的視点では、アメリカ合衆国のテキサス共和国併合を正当化するための理論武装でしたが、この思想の大本は、ピューリタンの選民思想から来ていると思います。

さらに、その後のアメリカのハワイ統合からグアム、フィリピンの領有などアメリカ合衆国

の西への領土拡大を、文明化あるいは神に選ばれし民アメリカの白人に与えられた天命（デスティニー）として、インディアンを西に追い払い、ある場合は虐殺することを、罪の意識無しに行えるよう理論武装したものです。現在のアメリカ人に、この思想がどのくらい残っているかは分かりませんが、潜在意識のどこかに多少なりとも残っている可能性はあります。

ここで、偽書・田中上奏文を引き合いに出した理由を説明します。マニフェスト・デスティニーの思想は、アメリカの白人プロテスタントは、神に選ばれた民であり領土をどんどん西に広げるのは天命であるというものです。一方、田中上奏文だと言われたものは、日本は世界を征服すべきで、手始めに満洲を我が物とせよというもので、大変似ています。田中上奏文は、昭和初期にアメリカで発表され支那（中国）を中心に流布された文書で、第26代内閣総理大臣・田中義一が、昭和２（１９２７）年に昭和天皇に極秘に上奏したとされますが、事実を間違って記載したりして、偽書である事は確実です。

このため、日本政府は中国に抗議し、中国政府は、機関誌に事実ではないと報じたにもかかわらず、国際連盟などで、これを日本批判に利用、日本は外交的に敗北しました。

日本は、何時の時代も外交下手なのです。田中上奏文を誰が書いたのかは不明ですが、アメリカ人が書いた物なら、自分たちのマニフェスト・デスティニーと類似の思想であり、彼らは、田中上奏文の内容は、ありそうなことだと考えたものでしょう。作成したのがアメリカ人ではなくとも、その内容はマニフェスト・デスティニーと類似な点があり、マニフェスト・デスティニーの思想を日本人が持つのはありそうなことだと考えたと思います。

人間は、自分の経験を基にして色々な事象を理解する傾向があり、つまり自分たちの思想や経験を他国のことに投影する傾向があります。南京大虐殺の虐殺の仕方なども、支那（中国）人が行ってきたことを日本人が行ったことにしています。無意識に自分たちが行うことを、日本の行為に投影しているのです。

（注4）欽差大臣：清朝の役職。特定の事柄について、皇帝の全権委任を受けて対処する臨時の官職。臨時と常設の二種ができたが、アヘン問題の解決のため1838年、太平天国鎮圧のため1850年林則徐が、日清の講和会議のため1895年李鴻章が、武昌起義鎮圧のため1911年袁世凱などが就任した。

第3章　日本はどのように戦争に巻き込まれたか

1．日比野正治海軍中将の論考

この章では、昭和8（1933）年に海軍省軍事普及部委員長（当時海軍少将）の職にあった私の母方の祖父・日比野正治海軍中将（注5）が残した論考からの引用を中心に話を進めます。軍事普及部というのは、海軍の広報的な役割を果たしていたと思われます。

この論考が扱っているのは非常に広範で、アメリカの極東戦略にしても、建国当時のワシントン大統領の発言にまで及び、またアメリカ以外では、第一次世界大戦後のヨーロッパの情勢にも及んでいます。一方、時系列的には前後しているところもありますので、論考を2つに分け、この章では19世紀末から20世紀初頭までに起こった事を取り上げました。

以下、日比野正治論考からの引用です。用語、言い回しなど、現代的に変えてあります。また、この論考は昭和8（1933）年に書かれたものである事に留意してください。

六章．十九世紀末から二十世紀初頭に掛けてのアメリカの対外戦略

前述した處によれば、当分日本は外国から圧迫を被ることがないようにも見えるのであるが、之は全く日本の国民が挙国一致、如何なる国難をも排除して進もうとする意気を示したからであって、この挙国一致が破れ、国内に重大破綻が生ずるようなことがあれば、欧米諸国の乗ずるところとなるのは必然である。現に、満洲事変当時、国論が分裂していたというアメリカ側の観察は、直ちに対日干渉となったではないか。

列強、殊にアメリカが目下沈黙しているのは、国内の整理に忙しい（大恐慌の影響を指すと思われる）ためであって、国力の回復と共に行なうであろうアメリカの捲土重来を検討することは、決して無駄ではなかろう。

アメリカの極東政策を検討しようとすれば、その建国以来の歴史を通覧する必要がある。なんとなれば、アメリカの東洋進出は、当時から始まったからである。

アメリカは建国からペリーの極東遠征に至る約八十年間は、海外貿易特に支那貿易と漁業をもって国を立てていたのであって、一八五〇年頃、支那の海外貿易の半量はアメリカ船によって運搬されており、またペリーが日本を訪問した一八五三年に、日本近海を中心とする北太平洋におけるアメリカ捕鯨船の漁獲高は実に千七百万ドルに上った。

何故にペリーは、極東に遠征を試みたかと言えば、それは一八四六年カリフォルニ

アを取ったので、之を起点として米支直接航路を開こうとし、偶々日本がその航路上に在って石炭を埋蔵しているからであった。ペリーは海軍省から「太平洋に貯炭所の連鎖を作れ」という命令を受け、サンフランシスコを起点としてハワイ、小笠原を経て上海に達する線を引こうとし、浦賀入港に先立って琉球と小笠原を訪問し、後者を占領しようとした。然しながら、イギリスから強硬な抗議を申し込まれて、之を中止し、寧ろ第二義的任務であるところの、日本の開国に専念することとなり、一八五四年の春、再度日本を訪問し、仮条約の締結に成功したのであった。

日比野正治海軍中将

ペリー来航の当時、何故にアメリカの支那貿易がこれほどまでに発展していたかといえば、第一には当時支那で歓迎された品物は、アメリカ若しくはその隣国で産出したものであり、第二には、帆船建造の技術が発達してきたことであり、第三には、イギリス、アメリカ両国から喜望峰またはホーン岬を経て支那に達する距離はほぼ同一であったことであった。然るに、一八六一年にはアメリカに南北戦争が起こって、海外貿易に大打撃を与え、一八六九年にスエズ運河が開通すると、イギリスはアメリカよりも支那に二千マイル（海里）近くなり、アメリカの支那貿易は徹底的に衰微したのであった。

であるから、南北戦争から十数年を経過して対支貿易復興の気運が熟するとパナマ運河を開鑿してイギリスよりも支那に近くなろうという運動が台頭したのであった。ところが、パナマ運河を開鑿するには、カリブ海を制しなければならず、カリブ海を制するにはキューバを取らねばならず、キューバを取るにはスペインと戦わねばならず、スペインと戦うには海軍を復興せねばならずということになり、一八八一年ガーフィールドが大統領になると、大規模な海軍拡張に着手し、爾来十有八年たった一八九八年愈々米西戦争が起こった。

このように、米西戦争は経済的ないし戦略的なことから起こったのであるが、アメリカの指導者達は、之を人道的原因に帰し、今でも米西戦争は世論がやったのであって、政府はやりたくなかったのであると嘯いているが、それほどまで世論を煽ったのは、アメリカ政府の成功と観なければならぬのである。

キューバには、時期的にはアメリカの南北戦争後間もなく独立運動が起こったので、スペイン政府は百方この鎮圧に努めた。アメリカの官民は之を見て、或いはキューバ人の正当なる希望を抑圧するとか種々の理屈を付け、人道上容赦出来ぬ、どうしてもキューバ人を救わねばならぬと称して、陰に陽にキューバの反乱軍に援助を与えたので、米、西両国の感情は非常に先鋭化し、一八九八年二月十五日、キューバのハバナ港に警備艦として停泊していたアメリカの戦艦メイン号が爆沈し、これが源となって段々と国交が危殆に瀕し、遂に一八九八年四月二十五日には宣戦の布告となった。

ところが南欧の生温かい空気の中に享楽的生活を送っていたスペイン人は、アメリカが如何に軍備を充実しようと一向頓着しなかった。それ故に、愈々戦争が始まると一敗地にまみれて、西インド方面では全領土を失い、太平洋方面では、グアム島とフィリピンをアメリカに譲渡し、その他の南洋諸島をドイツに売却しなければならぬようになった。米西戦争でアメリカが勝つと、イギリスは、それまで「英米両国とも単独ででは地峡運河の開鑿は行なわない」ということを約束したクレートン・バルワー条約の改定に反対していたのであるが、何時までもアメリカに対抗することの不利を覚ったものか、従来の態度を一変して、同条約の廃棄を承諾し、之に代わるべきヘイ・ボーンスフォート条約を結んだので、アメリカは単独でパナマ運河を開鑿しうることになった。

太平洋方面においては、ハワイは一八九八年七月、之を併合し、一八六七年、アラスカ及びアリューシャン群島の買収と、同年に無人島として取得したミッドウエー、一八四一年にウイルクス遠征隊が発見したウエーキ島、一八九九年に占領したサモア諸島、これにグアム、フィリピンの両地を加え、サンフランシスコからハワイに出て、二つに分かれ、一つはミッドウエー、ウエーキ、グアム、フィリピンを経て香港に至り、他はサモアを経てオーストラリア、ニュージーランドに至る南北太平洋の管制線を引いたのである。これは、恐らくペリーの故知を学んだものと思う。

このように、パナマ運河開鑿の準備はでき、また太平洋における南北の管制線は引けたから、愈々アメリカの東洋進出準備は完成した訳であるが、顧みれば、ペリーの極東遠征以来四十五年を要した。此の間、日本は勃興して、彼らから見れば地理的にも経済的にも米支の中間に割り込んだことになった。然しながら、米支の関係は長いといっても僅かに百五十年に過ぎないのであるが、日本の立場から論じたならば、支那の文化が東漸して新文化を形成した。これは二千年の昔である。それればかりではない。人種においても、日支両国民は、蒙古人種たることにいささかの疑いはない。すなわち、日支両国民は同文同種である。両国の関係が密接であるのは当然であって、米支の間に日本が割り込んだのではない。日支の間にアメリカが割り込んできたのである。

このようにアメリカの東洋進出の準備が完成した際の東洋の情況はどうであったかというと、日清戦争の結果、支那は眠れる獅子にあらずして、死せる象であることが明らかとなったので、列国は先を争って東洋に進出し、期せずして、支那分割の形勢を生じたところで、アメリカも列国に負けまいとして、渤海湾に一つの貯炭所を設定しようとした。然しながら、渤海湾に一港を得たくらいでは、列国の支那分割に対抗することは出来ないのは明らかであったので、既に初代の大統領ワシントンや一八四二年、時の国務長官ダニエル・ウエブスターが「支那の門戸開放」と言うことを声明していたのに鑑み、一八九九年九月六日、国務長官ジョン・ヘイの名をもって、列国に対し、有名な門戸開放に関する提議をおこなったのであった。

一九〇〇年五月、支那に団匪（義和団）事件が起こり、最初は反政府的暴動であったが、漸次排外運動に変わった。そこで列国は共同出兵を行なって、北京に籠城していた外交団を救援したのであるが、この際ロシアは満洲を占領したので、日本は直接脅威を感ずる関係からイギリスと同盟して之に対抗することになった。

アメリカでは、既に一八九九年マハン大佐は、将来世界の大事変は満洲で起こると声明した位であって、満洲に大いなる関心を持ち、何とかして満洲進出を試みようとしたが、その都度ロシアの為に妨害されて、目的を達しなかった。ここにおいて日英両国と利害が一致することとなった。日英同盟は期せずして日英米三国の共同作業ということになった。かくして、アメリカの官民は、日露戦争中日本を助けたのであるが、その連戦連勝を見て、段々不安を感じだし、一九〇五年の夏大統領セオドア・ルーズヴェルトは、陸軍長官タフトを日本に派遣して極秘裏に桂—タフト協定を結び、日本をしてフィリピンを侵略しないことを約束させ、また自身は日本が朝鮮を保護国とすることを承認した。

当時、日本の官民の一部には、南満洲鉄道の売却について駐日アメリカ公使グリスカムを通じてアメリカの鉄道王ハリマンとの間に談合が行なわれ、次いで、ハリマンの来日となり、一旦、桂―ハリマン協定が結ばれたのであるが、偶々日露講和会議のため渡米中であった小村外相が帰朝し、強硬にこれに反対したために、この協定は遂に破棄されてしまった。アメリカ側では之に対して随分憤慨したものとみえ、カリフォルニアの排日に油を注いだのは実際ハリマンであるとの噂もあるほどであるが、アメリカ海軍が渡洋作戦実施の必要ということを造艦計画に加味しはじめたのは、一九〇五年の秋であった。その後、カリフォルニア州の排日は益々先鋭化した。一九〇六年には学童問題（日本人学童を、アメリカの学校から排斥し、東洋人の学校に移す）が起こり、日米関係は益々先鋭化した、一九〇八年十月戦艦十六隻からなるアメリカ艦隊が世界周航の途次横浜を訪問したのは、全く日本に対して覆面の威嚇を与えるためであったことは、セオドア・ルーズヴェルトの自叙伝その他に明記してある。

セオドア・ルーズヴェルト大統領は、一九〇六年、上院海軍委員長ヘールに対して「日本人は傲慢、感情的・好戦的であるのみならず、最近の戦勝に慢心しているから、これを目標として海軍を充実しなければならぬ」と言い、また一九〇八年には、更に「一両年中に日本と戦わねばならぬと言明したとスピングルのルーズヴェルト伝に書いてある。

アメリカ艦隊の訪日は、その目的の如何を問わず、それだけなら大したことではないが、同艦隊が横浜や東京で、日本の朝野の歓迎を受けている間に、ワシントンやニューヨークでは、二〇〇〇万米ドルの資本金で米支独三国合弁の満洲銀行を設立し、南満・東支両鉄道の向こうを張ろうとする運動が熟しつつあった事は最も注目に値する。もし一九〇八年の十一月中旬に清廷の光緒帝と西太后とが相次いで死去し、今の満洲国執政溥儀氏が宣統帝となられ、実父の醇親王が摂政となり、政敵袁世凱を駆逐しなかったならば、或いは十一月下旬唐紹儀の着米を期として満洲銀行は成立したかも知れない。

またアメリカ艦隊の世界周航を専門的に見ると頗る興味がある。もちろん士気を鼓舞するためであったろうが、アメリカを出発するまでに、極力教育訓練に努め、一九〇八年の春、メキシコのマグダレナ湾で艦砲射撃演習を実施したときなどは、実に命中率七十五%を得たものさえあったということである。今でもアメリカ海軍では、渡洋作戦の為に一大根拠地をサンフランシスコ湾に設けようとしているが、これは一九〇八年の春、艦隊側の要望にもとづき大統領の決裁を経て立案されたものであった。

航海中にも、大統領の厳命にしたがって、艦隊はせいぜい燃料の節約に努め、また洋上、補給作業を研究したのであるが、第一次世界大戦前、多数の特殊給炭艦が建造されたのはこのような研究の賜物であった。

セオドア・ルーズヴェルト大統領は、アメリカ海軍のためには非常な恩人であって、後年アメリカ海軍が採用した電気運転法は、同人が初めて海軍に紹介したのであったが、第一期大統領時代にシムス提督を重用して、砲術界の改革に任じたことはあまりにも有名である。そこで、その誕生日の十月二十七日がアメリカ海軍記念日となった理由である（現在では、公式な海軍記念日は廃止されている）。

満洲銀行の設立に失敗してから、アメリカ政府の対日態度は少し緩和されたが、タフトが大統領になるに及んで、再び対支政策は積極的となり、或いは錦愛鉄道を敷設しようとするやら、或いは世界に向かって満洲鉄道の中止を提唱するやら日米関係を再び緊張させたのであった。しかし、此の間アメリカ政府の対満政策は結局、日、英、露、仏の四国と対立することになり、一つとして成功を収めるに至らなかったのみならず、かえって日露両国を接近させ、一九一〇年八月、日本は遂に朝鮮を併合した。

然しながら注意しなくてはならないのは、物事を物質的に考えたがるアメリカ官民の一部は、このような外交上の失敗をもって軍備の不足に帰し、益々軍備拡張熱を煽ったことである。

それ故に、一九一三年民主党のウッドロー・ウイルソンが大統領となり、対支政策は消極的となったけれども、翌年第一次世界大戦の勃発とほとんど時を同じくして、パナマ運河が開通した際には、渡洋作戦を行なうためには、艦船に対して如何なる特性を与えるべきかの研究が完成し、その後計画された軍艦には大きな航続距離、優れた砲力及び完全に近い居住性を与えることになったのである。

第一次世界大戦となるや、イギリスは伝統方針によって、北海を封鎖し、対独経済封鎖を行ない、盛んに中立国船舶を捕獲したから、中立国として一儲けしようとしているアメリカと衝突し、一時は国交が危殆に瀕しはしないかと危ぶまれた程であった。

一方においては、日米関係も、かの二十一カ条事件以来、頓に悪化していたのであるから、中立国の権利を擁護する為と称し、実は東に対しては守勢、西に対しては攻勢作戦を実施することを目的として一九一六年八月二十九日、いわゆる三年計画海軍拡張法の成立を見、大小百五十七隻の艦船を、向こう三カ年間に起工しようとし、これと同時に、東西両洋に渡り膨大な水陸施設計画を建てた。

然るに、一九一六年中、ドイツの陸上作戦は、同国にとって、もっとも有利に進展し、ややもすると連合国側は、負けはしないかと懸念するものがあるようになった。アメリカは、同年中、莫大な軍需品を連合側に売り込み、その代価は大部分取り立てなかったので、もし、連合側が倒れたならば、同国も共倒れとなりはしないかとの心配から参戦もやむを得ないとの空気が濃厚になったが、国論を統一するためには感情に訴える必要があるので、時機を窺っていたところ、偶々ドイツは無制限潜水艦戦を開始したので、巧みに世論を導いて、急転直下起って連合国側に参戦し、三年計画海軍拡張事業を中止して、専ら対潜水艦戦に必要な艦船を建造することにした。また、参戦と同時に、アメリカは日本との関係をも調整する必要を認めたものと見え、一九一七年石井—ランシング協定を結んで、満洲における日本の特殊権益を認めたのであるが、これは過去数年に亘りメキシコとの関係が悪化していたことも重大な原因であったらしく、対メキシコ関係が緩和されると間もなく、シベリア出兵問題、満洲守備兵問題、山東問題或いは支那の参戦問題等で、再び日米関係は悪化した。

一方、イギリスとの関係も、連合側に勝ち味が現れると同時に緊張したものであるから、一九一八年の夏頃から漸次三年計画を復興し、更に一九一九年から一九二〇年に亘り続々新艦を起工し、海軍将官会議は、新たに大規模な造艦計画を建て、一九二五年迄にいわゆるウエル・バランスド・フリートを完成する予定であったが、然しながら、一九一八年の十一月に休戦条約が成立し、翌年春迄は、ともかくも軍需品がヨーロッパに輸出されたが、ヨーロッパで復員が始まると、これは全然止まってしまい、国を挙げて生産過剰に苦しみ、財界は一大混乱に陥ったから、軍備拡張に対する反対が随所に起こった。他方アメリカでは、戦争が済むと、何時でも軍備撤廃運動の起こるのが例であって、独立戦争然り、第二次英米戦争然り、南北戦争然りであるが、殊に第一次世界戦争は「戦争を絶滅させんが為の戦争ではないか、然るに戦争が終わった今日、軍備の充実をやるとは何事か」と軍備拡張に対する呪詛の声が盛んになり、全米に渡り猛烈な軍備縮小運動が起こった。このような次第であるから、もし従来のように、国際的に孤立していたならば、アメリカは自国だけで軍備縮小をやったかも知れないが、当時は、既に世界のアメリカとなっていたのであるから、単独では実行困難である。況んや対英、対日関係が悪化している場合においておやというようなわけで、国際会議を開いて総体的に軍備を縮小しようと考えたものらしい。是即ちワシントン会議を開かせた理由である。

ワシントン会議以来、主力艦の比率問題が非常にやかましいが、そもそも相対的比率問題は何処から起こったかというと、一九一七年にイギリスのエフ・W・ランチェスターが「航空機と戦争」という書物を著わしたが、其の中にある「自乗比の法則（N-Square law）」から出たものと思う。これは分かり易く説明すれば、素質の同等な両軍が対抗する場合には、彼我の兵力は二乗となって働く。例えば十対六の場合においては、十のものは百になって働き、六のものは三十六になった働く。百から三十六を引くと六十四になり、それを開けば八が立つ。これは、どういうことかといえば、十のものが六のものを全滅させても、なお八の勢力が残るのである。十対七でも、七の二乗は四十九で百から引けば五十一が残り、開けば七が立つ。十のものが七を破ってもなお七割強の艦隊が残るのである。ランチェスターは、ネルソンやナポレオンの戦闘計画は、大抵二乗の法則に準拠していたと言ったが、現に世界戦争前、イギリスは、主力艦においてドイツに対して十六対十、即ち十対六・二五の優勢率を保とうとしていたが、果然開戦となるとドイツ艦隊はほとんど出動せず、遂に根拠地で暴動が起こり、内部から崩壊してしまった。アメリカ海軍が第一次世界大戦中、比率問題を研究していたことは、当時の海軍学会誌を見れば明瞭であるから、イギリスがドイツに対して保とうとした比率を、日本に与えておけば、その戦意を放棄させることができると考えたものらしい。アメリカ海軍で考えた軍縮は、頗る遠大な事業であって、戦争をやると言うことは寧ろ第二の問題で、このような比率を保っておけば、今回の満洲事変のようなものが起こった際に、アメリカは十割海軍をもって立ちうるけれども、日本は六割海軍をもってしては、どうすることも出来ないという情況を作りだそうと考えたのである。かつてブラット大将は、「軍人の任務は、戦争をするだけではない、戦争の起こらないような情況を作為することをも含んで居る」と論じたのは、真に意味深長と謂わねばならぬ。前述したように、ワシントン会議において、アメリカは軍縮問題に就いてほぼ目的を達したのみならず、日英同盟を破棄させ、また支那に関して、九カ国条約を結んで、日本の支那進出に対して大鉄槌を加えたものであるから、挙国会議の成功を喜び、世界戦争以来、非常に緊張していた日米関係は緩和されたが、アメリカ海軍はまだ安心せず、海軍政策なるものを制定し、「国策を支持し、権益を擁護し、通商と領土を保護する為に、大西太平両洋何れの地点にも作戦しためうる大海軍を編成する」ということを中外に声明した。如何にも傍若無人の振る舞いと謂うべきだ。

観じ来たればワシントン会議は実に日本の国難であったが、更にその翌年には、関東大震災が起こった。その際、アメリカの官民が同情して呉れたことには感謝に堪えないのであるが、その裏面を観れば、軍縮会議で手も足も出ぬように叩きつけられた日本が、更に非常に大きな打撃を受けたということが余計にアメリカ人を刺激したのではないかと思う。また実際、当時は東京・横浜は全滅し、死傷算無しとか、横須賀に貯蔵してあった重油は流れ出して引火し、東京湾は火の海と化したとか、帝国海軍は大半覆没したとか、随分大げさな宣伝が行なわれたことも忘れてはならない。事の善悪を問わず、極端に走るアメリカ人に対しては、十分警戒して掛ることが必要であろう。

現に、その年の十二月には排日問題が起こり、議会に排日移民法案が提出されたが、親日論者と排日論者とが盛んに議論を闘わせして、中々決まらなかった。然るに、その翌年四月にいわゆるグレーブコンシークエンス事件が起こり「日本は戦争も出来ないのに、戦争をもってアメリカを脅かした」と言うので、かえって親日論を屏息させ、該法案は一気呵成に通過してしまった。トリート教授の「日米関係」に従えば、埴原大使が、その有名な通牒を送ったのは、国務長官ヒューズの勧告に基づいたものであり、また移民法案と同時にアラメダ軍港築設案なるものを議会に提出して、一方においては、移民問題を討議し、他方これと並行して如何にして日本を攻めるべきかという戦略問題について論議したところから推断すれば、日本の疲弊に乗じて、一挙年来の宿題を解決しようとしたことに疑いの余地はないのである。

斯様にアメリカでは、万事が好都合に運んだので、少々得意になっていたのであるが、軍事上彼らとして捨て置きがたい事件が起こった。それは他でもない空軍万能論が台頭したことである。従来、アメリカ人は海洋力を非常に重要視していたのであるが、飛行機が発達した為に、陸地力が驚くべき発達を遂げた。昔は海上における陸地の力は大砲の弾着距離以外には達しなかった。明治三十七年六月、ウラジオストック艦隊は、津軽海峡を、しかも白昼、勝浦沖迄南下し、帰路も同様、白昼悠々と同海峡を通過したが、函館要塞の司令官は、弾着距離外に在るというので、射撃を差し控えた。当時は、これほどまで大砲は微力であったのである。また翌年五月二十七日には、バルチック艦隊は、またも白昼対馬海峡を通過、日本海に侵入した。然るに今日はどうであるかと言うと、大砲の力も勿論増したが、海軍で使用している爆撃機が十機もあれば、バルチック艦隊は、或いは全滅出来るかも知れぬ。一世紀の昔、ナポレオンは、英仏海峡の南岸に立って、「我をして、六時間本海峡を管制せしめよ」と長大息したと伝えられるが、今や、フランスの空軍は四六時中海峡はおろか全英国の空中を制圧しているのである。換言すれば、イギリスは、海軍だけでは国土の防衛は出来ない、しかも体面上、海軍は廃止する訳には行かぬ。そこに、大英国の悩みがある。

アメリカ人は、飛行機を弾着距離の大きな、しかもその弾丸は自力で進行し、操舵し、かつ的を発見して衝撃するところの大砲であるという観念を持っているが、要するに飛行機の発達によって、陸地力は著しく増大した。

日本に六割の比率を押しつけたと思って安心していると、グアムもフィリピンも直ぐ奪取される。艦隊も撃破される。したがって、ハワイもアメリカ西岸もパナマもない。どうしても空軍を拡張しなければならぬ。また艦隊は多少劣勢でも、飛行機が空中を制しておれば、どんなことでも出来るというのが、空軍万能論の要旨であったが、論法がいかにも煽情的である上に、空軍を独立させ、しかも陸海軍をその下に置こうとする陰謀を蔵していたから、たちまちにして、朝野の大問題となり、大統領以下、非常に心配して「飛行機は、そんなに恐ろしいものか、兎に角調査して見なければならない」というので、一九二四年リンドバーグ大佐の岳父であり、モルガン財閥の実力者ドワイト・モローを委員長とするモロー委員会を作って朝野の名士を集めて、徹底的に航空問題を研究し、其の結果、陸軍は千八百機、海軍は千機の飛行機を常備することとし、これを五カ年計画で達成するという案を立てたが、これは昨年（1932年）の六月三十日をもって首尾良く出来上がったモロー委員会の開催と同時に、陸海軍でも別々に委員会を設けて、本問題を徹底的に調査し、如何にして空軍と野戦軍または艦隊とを共同動作させるべきかという問題を研究し、各々貴重な教訓を得たのであるが、その渡洋陣形たるものは、其の結果生まれたものと思う。従来、アメリカ海軍では、主力艦、補助艦の比率についても確固たる結論に到達していなかったように考えられるが、渡洋陣形が決定した結果、このような問題は自然に解決された。渡洋陣列は、世間に喧伝されている輪形陣で、その一部である。一九二五年から一九二七年迄、海軍大学校長をしていた今の作戦部長ブラット大将が艦隊司令長官となって、大学校を去るときに、「過去二カ年に亘る渡洋作戦の研究によると、渡洋作戦においてアメリカ海軍が成功を収めんとするならば、敵国海軍の飛行機のみでなく、これに陸地を基地とする飛行機を加えた航空兵力よりも更に優勢な航空兵力を持っていなければならないが、其の為には、航空母艦を今よりも一層沢山持たねばならぬ」と論じたが、渡洋陣列を制するには、どうしても航空母艦および航空巡洋艦を十分に持たねばならぬのである（結局、航空巡洋艦なるものは発達せずして終わった）。

渡洋陣列の根底には大小航空母艦団を連合使用して、戦略的地歩を確立して後、戦術を実施使用とする思想があることを忘れてはならぬ。大航空母艦団は、すなわち輪形陣であって、図示するように（図示の原稿は欠落）巡洋艦および駆逐艦の列をもって取り巻いた直径四十マイル（海里）の円形地域内に、艦隊主力と決戦用の飛行機を登載した六隻の大航空母艦を収めたもので、これは普通十ノットの速力で前進するが、いざという場合には、全体が十九ノットに増速できる。大航空母艦には、輪形陣内で勝手に運動が出来るように二十九ノットの速力を持たしてある。

小航空母艦団は、八インチ砲巡洋艦三隻、駆逐艦若干と航空巡洋艦一隻とをもって編成され、普通は輪形陣と同じく、十ノットで航行するが、いざとなれば、三十ノットに増速できる。また、航空巡洋艦には、敵地または敵艦船の爆撃等に使用される急降下爆撃の可能な二座戦闘機二十四ないし三十六を登載される筈である。而して小航空母艦団は、その数個を大航空母艦団の前方二〜三百マイルに配置するのであるが、航空巡洋艦は、実に渡洋陣列の骨幹である。すなわち、ロンドン会議の際に、アメリカが非常に悪辣な手段を弄してまで、建造権を得た巡洋艦の四分の一を航空巡洋艦とするということは即ち、巡洋艦三隻と航空巡洋艦一隻とで、小航空母艦団を編成しようとする腹案を暴露したもの言わねばならない。また、昨年六月二十二日、アメリカ政府が提出した「フーヴァー三分の一天引き案」の中で、八インチ砲巡洋艦のみは、六分の一減とし、全体で十五隻を所有しようとしたのは、小航空母艦団五個を準備しようとしたものではあるまいか。

渡洋陣列というものは、渡洋作戦を実施するには、なくてはならぬものであるが、現今では、巡洋艦や駆逐艦が不足している為に、これを作るのは不可能である。そこで、これを可能ならしめる為には、条約限度迄建艦を行なうことは、日本に対する非常な脅威である。もし昨春、アメリカ海軍が内部的にこのような状態にあり、しかも帝国海軍に対する比率が所望の程度であったら、恐らくスティムソンの主戦論は、反対を押し切って、日本に対して戦争を仕掛けたかも知れない。

帝国海軍の厳然たる存在が、危機を免れしめたと言っても敢えて過言ではあるまい。

以上は、実にアメリカ建国以来の極東政策を略叙したものであるが、依って以て、その進展は遅々たるものであるが、歩々堅実な地盤を築きつつあることが観取できるであろう。では遅々たる所以は何であろうかと言えば、政治的にも経済的にも、ヨーロッパや中南米との関係が一層密接であるからであり、堅実な歩調をもって進みつつあるのは支那の門戸開放という国策が一定不変であって、為政者は常に目を極東から離さぬからである。

ワシントン会議におけるアメリカの対支政策は、かの九カ国条約に織り込まれているが、それは、支那放任主義に外ならず、これがため支那人は益々増長し、益々暴慢となり、国内では統一などは思いもよらず、かえって紛乱を極め、軍閥は、これに乗じて自家の勢力を拡張するために、無知の民衆を騙って排外運動に狂奔せしめているのである。したがって、昨の排英は、今の排日となり、明日の排米となるかも知れぬのであるが、単純でしかも物質的なアメリカ人は、何ら覚るところなく、只管、日本を嫌い、日本を憎んでいるのである。今回のシナ事変でも、アメリカの官民が、斯様な態度を示さなかったなら、事変はこれほどまで拡大しなかったであろう。日本を災いし東洋を損なうものは欧米人の盲動である。

(年表があるが、紙数の都合から引用を略す)

七章　太平洋問題の帰趨

アメリカ海軍の作戦部長ブラッット大将は、かつて「今やアメリカ人は相衝突する東西両文明の中間に立っている」と言ったが、日露戦争前、帝政ロシアが、英米両国に対抗したように、十数年来、共産主義国と資本主義国とが東洋で対立していることも看過すべきでない。日本は、皇道主義国であって、その国策が東洋平和の維持である日本は、ソ連に対して侵略的な企図を蔵するものでないと同時に、英米に対して何ら敵意を抱くものではない。ただ、問題は、英米は日本を恐れ疑いかつ妬んで、しきりに軍備の充実に努めている事である。尤もアメリカの世論は、だいぶ緩和されたけれど、国内の整理が出来たならば、どうなるか分かりはしない。現に、アメリカ海軍次官ヘンリー・ルーズヴェルト（注6）は、最近海軍大学校の卒業式に臨んで「国内の整理が出来れば、世界第一の海軍となるから、それまで我慢しろ」と説いているではないか。

列国は、支那の門戸開放を希望しているのであるけれども、東洋の平和が維持されずして、門戸開放が何になるか。門戸開放には、平和の維持が必須の条件である。換言すれば、平和の維持即ち門戸開放である。しかも、日本が東洋の平和を維持しなければ、果たして如何なる国家が之に当るであろうか。然しながら、東洋平和の維持は、中々困難な大事業である。之は、いやしくも東洋の事情に通ずるものには首肯できる筈だ。ところが、そう甘くは行かぬ。日本の行動に対しては、事ごとに非難を浴びせる者が、欧米には多いのである。

満洲が最近非常に発達し、その人口が、日清戦争当時の九百万から現今の三千万人に増加したのは、日本の駐兵により平和が維持されたためではないか。一部の欧米人が主張するように、日本が満洲から手を引いたならば、満洲はおろか大陸方面は、恐らく即時、大混乱に陥るであろう。もし、いずれかの国家でも、日本に代わって、この混乱を防止し、満洲ないし大陸の治安に任じようとするならば、十個師団とか十五個師団とかいう大陸軍を必要とすることは確かであり、遠隔の地にある一国が、このようなことをやるならば、仮に支那貿易を独占しても、収支償わないことは勿論である。然しながら欧米人には、斯様に明白な事実すら理解出来ないと見える。現に一部のアメリカ人は「支那人が、日本人と同程度の購買力を発揮すれば、アメリカは支那とだけ貿易すればよい」とまで信じているのである。

観じ来たれば、日本が東洋平和の維持という国策を遂行することは、広く列国の福祉を擁護増進する所以である。

太平洋問題と言っても、太平洋上において相対抗する諸勢力の衝突であり、かかる衝突も、国策の衝突であるはずである。したがって、日本の国策と衝突するものがなければ、太平洋は、その名の如く、至極平和であろう。しかも、日本の国策は、前述したように、極めて穏健なものであるから、日本と衝突するような国策は侵略的であり、東洋平和に有害であるということになるのである。然しながら、前述したようにアメリカは、東洋の門戸開放主義を国策の一としているのであるが、門戸開放主義は、アメリカの資本と商品とに対して門戸を開放しろ、聞かなければ武力を以て無理にでも門戸を開いてやるという意味であって、侵略的のものであることは勿論――

（以後、原稿亡失のため引用不可能）

2．ペリー来航前後の出来事

さて、話はいよいよ近代日本の行く道に多大な影響を与えたペリー来航の話です。

ペリーは、今から160年以上前にアメリカから来航し、鎖国の夢を覚ましたと言われた人物です。久里浜の海岸に近いところに来航の記念碑が建っています。

徳川時代、日本は鎖国をしていたと言われますが、実際は、オランダ、支那（中国）そして朝鮮だけとは貿易その他の付き合いをしていました。

当時の徳川幕府の将軍以下の政権担当者の考えたことを推測してみると、小さく見れば、徳川幕府の安泰と永続を考え、大きく見れば、日本の平和を考えてのことでしょう。このことの真相は確実ではありませんが、外国船の船長が、「宣教師が来日する目的は、日本をキリスト教化して、それから軍隊を送り込み、属領にすることだ」と言ったことに秀吉が敏感に反応し、キリスト教宣教の目的が、たんに宗教上のことではなく、ヨーロッパの国の領土的野心が隠されていると覚って、キリスト教を禁教したことを、徳川幕府も受け継ぎ、さらにキリスト教徒が主体になって起きた島原の乱を経験したからでしょう。

一方、日本に最初に布教に来たフランシスコ・ザビエルは、日本人の精神文化の豊かさを覚り、他の国で成功したキリスト教化と植民地化が、そうたやすいことではないと認識したようです。徳川幕府も、宗教と領土的侵略をからめる旧教国は忌避しましたが、これらを絡めない新教国は拒まず、結局オランダは受け入れたわけです。イギリスは、日本側が拒んだわけではなく、イギリスが日本との貿易に利が見いだせず、自ら撤退しました。いずれにしても、ここでも、日本の得意の、外からの文化は、日本の判断によって取捨選択して受け入れたわけです。

日本にとっての鎖国の功罪、利害得失を考えると、確かに約250年の平和が保たれ、独自の文化が発展したという大きなメリットがありました。もし、鎖国せずに、積極的に世界に乗り出し、植民地獲得競争を行なっていたら、どうなったでしょう。勝者となってヨーロッパの国々のように多くの植民地を獲得していたかも知れませんが、逆に、敗者となってどこかの植民地あるいは属国になっていたかも知れません。

現実には、鎖国をして、250年の太平の世の中が到来し、独自の文化が発達したことは大きな功の面でしょう。しかし、激動の時代に、世界の動きから離れていたため、もともと海に囲まれ、かなり孤立して存在した日本という環境により、ヨーロッパ人が経験したような、激しい民族の入れ替わりや興亡を経験せず、いや興亡という言葉では充分でなく、ローマ劫掠を例とする略奪、虐殺、強姦といった本当の修羅場の経験を持たない、人の良い、外交下手の日本人が生まれてしまいました。ただ一度の実際に起こった危機は元寇ですが、幸か不幸か、元軍を水際で撃退してしまいました。

ただ、ペリーが来航した時代の世界の趨勢から言って、日本一人が鎖国を続けていられる時代ではなくなっていました。また、徳川幕府も長く政権の座にいて、制度疲労とでも言うべき状態にあり、一人一人を見れば、幕府にも優秀な人もいたのですが、全体としては、この時代に対応しきれない状態になっていたのだと思います。

しかし、ペリーが来航した1853年当時には、彼らの側に、新しいニーズが生じていました。アメリカ人は、マニフェスト・デスティニーの思想により、西へ西へと進出する意思を持っていたと同時に、盛んになった捕鯨船や東アジアとの貿易を行うための、特に船の水、食料、燃料等の補給場所を求めていました。特に巨大な市場であると思われた支那（中国）大陸への進出のための中継基地も必要でした。

恐らく、ペリー自身は、日本に対して特別な好意も敵意も持ってはおらず、政府からの指示を、当時としては当然の砲艦外交的な手法で実行したまでだと思います。しかし、高杉晋作（注7）のように維新の志士の中には、1839年に起きたアヘン戦争などの話を聞いており、危機感を抱いていた人がいました。

ペリーは、初来航の時は4隻の艦を率いて来ましたが、2隻は蒸気レシプロ機関駆動の外輪船でした。船の駆動原動機は、人力（手こぎ）、風力（帆船）から蒸気機関駆動の外輪船へ、更にプロペラ船になり、更にタービン駆動になっていきますが、日本でタービン駆動になった最初の軍艦は巡洋戦艦「伊吹」です。ちなみに、その第2代艦長が、日本海海戦で参謀として活躍した秋山真之海軍大佐、第3代艦長が私の父方の祖父・関野謙吉海軍大佐でした。祖父は、タービン駆動の船は、前進から後退への切換えが緩慢で苦労したと父に語ったそうです。

イギリスについては、インドを支配し、更にアヘン戦争で支那に相当の地歩を既に築きました。フランスには、イギリスのような海軍力はなく、ロシアも元々陸軍国で、艦隊を送って日本を武力で開国させるほどの力はありませんでした。日本を開国、開港させるニーズと艦隊を派遣するだけの海軍力を持っていたのはアメリカしかなく、日本を開国させたのがペリーであったことは必然性があったと思います。アメリカが、今でも日本に一番影響力を及ぼす外国であるのは、ペリーの時に定められた運命のように見えます。

アメリカとの条約は色々あるので、混同しないよう、下記に列記します。

（1）日米和親条約（Convention of Peace and Amity between the United States of America and the Empire of Japan）

ペリー来航（1853）により、1854年3月に署名し、1855年に発効したアメリカと結んだ条約で、12カ条からなります。さらに、交渉の場所を伊豆の下田の了仙寺に移し、同年の5月、和親条約の細則を定めた下田条約（全13カ条）が締結されました。実務的に重要なことを列記します。

第3条：米国船舶が座礁または難破した場合は、乗組員は、下田または箱館（現在の函館）に移送、米国人に引き渡される。救助と扶養の出費は、弁済の必要はなし（日本船がアメリカで遭難した場合も同じ）。

第4条：アメリカ人の遭難者及びその他の市民は自由で、日本で監禁されないが、公正な法律に従う。

第5条：下田、箱館に一時的に居住するアメリカ人は、その行動は制限されない。行動可能な範囲は、下田では、7里以内、箱館は別途定める。

第8条：物品の調達は、日本の役人が斡旋する。

第9条：米国に片務的最恵国待遇を与える（必ずしもアメリカが押しつけたものではない模様）。

下田条約のポイント：
1．アメリカ人の移動可能範囲は、下田より7里、箱館より5里四方。
2．アメリカ人は、武家、町屋に立ち入ることを禁ず。
3．アメリカ人に対する暫定的な休息所は、了仙寺と玉泉寺、米人墓所は玉泉寺とする。
4．アメリカ人が鳥獣を狩猟することを禁ず。

（2）日米修好通商条約（Treaty of Amity and Commerce Between the United States and the Empire of Japan）

ペリー来航5年後の1858年に江戸にて締結、翌1859年に発効となった条約で、主な内容は以下です。
1．アメリカ公使の江戸駐在。
2．領事の開港地駐在。
3．横浜、長崎、新潟、兵庫の開港、江戸、大坂の開市（貿易を行うこと）。
4．自由貿易、協定関税制、領事裁判権、外国人居留地の設定等に関する諸規定。
日本側の署名者は、時の将軍・徳川家茂でしたが、源家茂という署名でした。源は、いわゆるファミリーネームではなく、クラン（族）ネームとでもいうもので、非常に公式な場合に使用したものと思えます。

ちなみに、朝鮮半島の人は、本来ファミリーネームがなく、このクランネームのみであったため、姓の数が非常に少ない＝同姓が非常に多く、行政上不便だったため、日本統治下、ファミリーネームを付けるような指令を出したことが、彼らの名字を、強制的に日本風に変えさせたと反日宣伝に使われてしまったのです。どういうファミリーネームを付けるかは、本人に任せられ、日本が、日本風の姓にしろと強制したわけではありません。

この条約の問題点は、アメリカ他に「領事裁判権」を認め、日本が関税自主権を持たない不平等条約であったことでした。これは、アメリカにやってきた白人が、インディアンを騙して、形の上では、契約によって土地を得ていったのと同じで、幕府の役人が、国際条約に慣れておらず、ほとんど騙されて結んだものと思われます。そして、同様の条約を、イギリス、フランス、オランダ、ロシアと結ぶことになり、「安政の五条約」と言われました。

各国との条約になく、アメリカとの条約にあったのが、「日本とヨーロッパ中のある国との間に、もし障りが起きる時は、日本政府の嘱に応じ、アメリカ大統領和親の媒となりて扱うべし」という条項で、この条項により他国に比べて、アメリカが一段上の立場を占めました。この体質は、今に至るも続いているように思えます。

明治政府は、この不平等条約の改正に１８７６年以来取り組みましたが、大変苦労し、完全に条約改正ができたのは、日露戦争後の1911年です。

タウンゼント・ハリスは、本条約の交渉中、アロー戦争に言及し、幕府の交渉担当者を恫喝しました。一方、アヘンの日本への輸出は禁止されました。

(3) 日米通商航海条約 (Treaty of Commerce and Navigation Between the United States and the Empire of Japan)

大東亜戦争以前に、この名称をもっていた条約は2つあります。第1は、1894(明治27)年調印されたもので、時の外務大臣の名をとって、通称「陸奥条約」と言われます。この条約では、アメリカが持つ領事裁判権は撤廃されましたが、関税自主権の相当部分は残り、アメリカでは日本人移民の入国・旅行・居住について差別的な立法ができました。しかし、この年の7月16日イギリスとの間で調印された日英通商航海条約では、日本の関税自主権は回復されています。この条約は、平等条約の嚆矢となりました。しかし、1939(昭和14)年に、ルーズヴェルト大統領の国務長官であったコーデル・ハルは、当時の駐米日本大使に、本条約の廃棄を通告、6カ月後には日米は無条約状態に突入しました。通商航海条約を破棄するということは、次は宣戦布告だよと通告したことに等しいと思います。この通商航海条約破棄の前後の事情については、第2部の「天津事件」のところで詳細に説明します。

3. 明治維新

明治維新というのは、今ふり返って見ると奇跡のようなことでした。日本のおかれた地政学的な有利さはあったにしても、ここでしかるべき役割を演じた人たち、倒幕側も幕府側も、肝心な時に肝心な人が判断を誤っていたら、明治維新はできず、日本もどこかの植民地になっていた可能性が大いにあります。いくつかの分岐点をふり返ってみましょう。

ペリー来航以前から、日本の周辺には外国船が現れ始め、幕府を含めて、海外の情報を得ていた日本人の中に危機意識がだんだんと起こり、幕府も海防に心を配るようになってきました。その中で林子平は、早くも寛政3（1791）年に『海国兵談』を著わし、日本人に警報を発しましたが、当時、世界情勢を知らなかった幕府の役人により発禁になってしまいました。

よく日本は外圧がないと変わらないと言われます。たしかに、過去をふり返ってみても、白村江の敗戦に触発され、諸々の改革が行われたことをとらえれば、これも外圧による改革でしょう。大東亜戦争の敗戦による改革、その多くはネガティブな改革でありました。日本国憲法他その悪影響は今に及んでいます。もう一度何らかの外圧がないと、その情況は改善されないのでしょうか。

しかし、明治維新は、単に黒船という外圧によって達成されたわけではありません。尊皇攘夷という言葉には、外圧を意味する攘夷と内部の問題である尊皇の双方が含まれています。外部的要因と内部の要因が五分五分に作用したものと思います。現在の日本の情況を見ると、世界的な大きなパラダイムシフトとしては、グローバリズムからナショナリズムがありますが、日本政府の実態は一週遅れのグローバリズムを走っているように見えます。

もう1つ、つまり尊皇か佐幕かに当たるものは、独立か属国化だと思います。中国、北朝鮮、ロシア等から充分な外圧を受けているのですが、肝心の日本人が、不感症で脳天気なため、大きな改革が起きません。誰か、正気の政治家が出できて欲しいと願うものです。当時の論点について、少し考察を加えてみます。

(1) 攘夷か開国か

攘夷には、思想的な攘夷と、倒幕のための道具としての攘夷があったのではないでしょうか。外交の実務を預かる幕府が、安易に攘夷に乗れなかったのは理解できます。一方、倒幕のために攘夷を唱えていた人たちは、外国の武力を知り、かつ自分たちが政権を取れそうになると開国に転じました。

やはり、だんだん日本を取り巻く情勢を知り、実際に責任をもって国政を運営することを考えると、思想だけではなく、現実の問題を考えざるを得なくなったからでしょう。

（2）佐幕か勤王か

佐幕であった藩は、会津のように徳川幕府の親藩であったり、幕府と何らかの縁が深かったりした藩、あるいは薩長のような西の方の雄藩に反発を感じた東北の藩でした。したがって政治上の思想に基づくものではありません。

勤王の方は、実際に明治維新を推進した人たちは、当時の外国からの脅威に対抗するには、幕府の体制では対応できないという危機感が一番大きかったものと思います。思想的な勤王もあったと思いますが、明治維新を主導した指導者のほとんどは、日本の植民地化を防ぎ独立国家としてやっていくためには、幕藩体制ではだめだと思っていました。これは、徳川慶喜のような人でさえ、認識していたのでしょう。だから大政奉還を、あっさりやったのだと思います。そう言う意味で、徳川慶喜は、維新の功労者の一人だと思います。

今の政治家の第一の責務は、これからの日本が生き残っていくための体制はどうあるべきかを考え、国民に提案していくことだと思います。安倍首相は、現代の徳川慶喜になってもらいたいと望むものです。つまり、新しい日本への橋渡しをうまくやって欲しいということです。

余談ですが、私の父方の祖父・謙吉は慶応元年の生まれで、明治維新自体を経験しているわけではありませんが、自分の父親が徳川譜代の板倉藩の家来だった（政府軍に武力で反抗してはいない）にもかかわらず、明治天皇と大正天皇の侍従武官を勤めたことについて、「自分は賊軍の息子なのに」という認識で語っていました。私にとっての明治維新も、祖父のおかげでかなり身近に感じる歴史事実となっています。

4．日清戦争

自国が当事者であった戦争あるいは武力紛争には、政府として正式に命名をしています。日清戦争は、西暦で言えば１８９４～１８９５年に行われた戦争ですが、日本政府が命名した正式の名称は「明治27、８年の戦役」です。

私の祖父・謙吉は、水雷艇（3号艇）の艇長として従軍し、清の巨艦「定遠」「鎮遠」に肉薄攻撃をし、金鵄勲章を得ましたが、官報には、「明治27、8年の戦役の功により～」のように載っております。

同じく日露戦争は、「明治37、8年の戦役」、アメリカ他との戦争は「大東亜戦争」と言います。「太平洋戦争」とは、占領軍のＧＨＱが「大東亜戦争」という呼称を禁止し、呼ばせた呼称です。「太平洋戦争」と呼ぶ人たちは、このいきさつを知っているのでしょうか。ほとんどの人は、知らずにそう呼んでいるのでしょう。この辺もＷＧＩＰの洗脳が日本人に深く染みこんだ例です。

確かに、アメリカと戦った戦場はほとんど太平洋ですから、アメリカが太平洋戦争と呼ぶのは道理があり勝手ですが、日本人が付き合う必要はありません。日本人は、一旦決まったかに見えることには、理不尽かどうかは論ぜず従ってしまう傾向があります。日本国憲法が、その1つです。

さて、日清戦争の原因ですが、日清戦争だけではなく、日露戦争も、朝鮮半島を巡る争いが原因です。朝鮮半島というのは、何時の時代も、日本に取って戦略上重要な位置を占めています。大陸側から日本に侵攻してくる場合、元寇がまさにそうですが、朝鮮半島を経て日本に攻めてきます。海洋国家・日本に侵略してくるとすれば、大陸国家・支那（中国）またはロシアです。そういう認識は、明治時代のリーダーもはっきり持っていました。白村江の戦いの原因も、日清戦争も日露戦争も同じです。そう言う目で見ると、現在も左翼政権の韓国、無法国家の北朝鮮は、日本に取って非常に警戒すべき存在です。

そこに住む人たちには気の毒ですが、半島国家あるいは半島的（地形ではなく、海洋強国と大陸強国の狭間になるという意味で）国家には共通性があります。私は、ヨーロッパ駐在時代、よくベルギーで会議が開かれ出席しました。あるオートバイのデザインについて、出席国が一回り意見を言い、決を採りましたが、通常、こういうことはもう一度決を採るのが習慣でした。その際、一緒に出席したフランス人が私にそっとささやきました。

「見てろ！　ベルギーは、必ず多数派の方に投票を変えるから」

フランス人が、ベルギー人についてこういう印象を持っていることが分かります。地政学的に大陸強国と海洋強国に挟まれているという地政学的な条件から、やむを得ないのかも知れません。身近なところでは、朝鮮半島の国家にもそういうところがあるように見受けられます。

さて、日清戦争に日本が勝ったマクロ的な要因は何でしょう。それは、日本が清に先んじて、中央集権的な国民国家を作り上げたからでしょう。一方、清は、まだ国民国家となっておらず、軍人も軍閥の長のようなものでした。軍の指揮官の質が、仮に同じでも、兵士の意識は大いに異なったと思います。日本兵は、国家国民のために戦い、清の兵士は、せいぜい軍閥の長のために戦ったのです。ですから清の兵隊は、少し形勢不利になると逃げ出す、あるいはいつも逃げる機会を見ているという状態ではなかったでしょうか。

軍艦にしても、清の方の戦艦は、定遠、鎮遠の巨艦2艦（基準排水量：7144トン、主砲30・5センチ4門）、日本海軍は、松島、厳島、橋立の、いわゆる三景艦（基準排水量：4278トン、主砲32センチ砲1門）と、主砲こそ大きかったが、小さい船に大きな大砲は、実際の運用上うまく行かず、この主砲は、あまり役に立たなかったのです。それでも、日本海軍は黄海海戦に勝利し、陸軍も勝ち、日本は、明治維新後の初めての対外戦争に勝ち、巨額の賠償金と台湾などを獲得しました。

講和条約の1章に「清は朝鮮の独立を認める」とあるように、日本にとっての戦争目的に占める朝鮮半島の位置づけがいかに大きかったかが分かります。

5．日露戦争と日英同盟

日英同盟の締結ですが、1902年1月30日に調印され、1921年のワシントン軍縮会議において廃棄が決定し、1923年8月に失効しました。では、どういういきさつ、つまり日英両国のどういう都合によって結ばれたのでしょう。

まず日本側の事情については、日清戦争の勝利で一旦は得た遼東半島を、独、仏、露のいわゆる三国干渉により手放した後、ロシアが満洲に進出、ロシアの侵略をひしひしと感じていました。

一方、イギリスはアヘン戦争で香港を入手、支那（中国）に着々と権益を築いていましたが、日清戦争から三国干渉の結果、北からはロシアが進出し、南からはベトナムを経由して雲南省、広西省、広東省、四川省などにフランスが進出、南北から挟み撃ちにされるような状態となり、大陸の権益を守るについてのパートナーを必要としていました。

そのような両国のニーズにより、日本とイギリスが同盟を結ぶことになったのです。

第一次同盟の内容は、締結国が他国（1国）の侵略的行動（対象地域は支那、朝鮮）、に対応して抗戦に至った場合は、同盟国は中立を守ることで、それ以外の他国の参戦を防止すること、さらに2カ国との交戦となった場合は、同盟国は締結国を助けて参戦することを義務づけたもので、フランスやドイツがロシア側に立って参戦することを抑止する効果を持っていました。この効果は、まず日本が日露戦争を行なうときに発揮されました。イギリスが戦闘に参加したわけではありませんが、日本としては、イギリスという当時の覇権国を味方にしているという無言の国際的な力を得、具体的には、バルチック艦隊が根拠地から日本海に回航してくるとき、イギリスは有形無形の圧力を加えてくれました。

条約締結から2年後に始まった日露戦争では、イギリスは表面的には中立を装いつつ、諜報活動やロシア海軍へのサボタージュで日本を助けました。

また、この同盟は、日本の戦費調達にも好影響を与えました。その後、イギリスは適用範囲をインドまで拡大することを望み、交渉の結果、1905年にインドまで適用範囲を拡大した第二次同盟が結ばれ、さらに1911年には、アメリカが交戦相手国から除外されました。

1914年に第一次世界大戦が勃発すると、日本もドイツに対し同じ年に宣戦を布告しますが、青島や杭州湾のドイツ軍を駆逐する程度の軍事行動を行なったくらいで、全般的には、あまり積極的な軍事介入はしませんでした。

しかし、1915年2月にドイツは無制限潜水艦戦を宣言し商船への攻撃を開始、一時中断していましたが、1917年1月から再開し、連合国側の被害も増えてきて、イギリスやフランスから、ヨーロッパの戦線に参加するよう日本への要請が強くなり、山東半島の権益や赤道以北の南洋諸島のドイツ権益の引き継ぎを条件に、日本もヨーロッパに海軍を送ることになりました。

さっそく日本は、1917年2月にインド洋に、巡洋艦「明石」以下8隻の第一特務艦隊、地中海に合計18隻の第二特務艦隊を送りました。特に地中海では、1917年4月9日に作戦を開始、Uボートに攻撃された連合国の艦船から7000人以上を救助、連合国の勝利に大きく貢献しました。

一方、駆逐艦「榊」は、オーストリー・ハンガリー海軍のUボートに雷撃され沈没しました。戦死者は計78名でマルタ島の英軍基地にある墓地の一等地に慰霊碑が建っています。多くの乗員が、イギリス国王ジョージ5世から叙勲されました。私の母方の曾祖父は、この特務艦隊の一員として従軍しています。

6．狂騒の20年代から大恐慌へ

「バブルがあればバブルの崩壊がある」――これは万国共通時代を超えた摂理です。我々は平成時代にそれを経験しましたが、今から90~100年前、ほとんどの先進国は強烈なケースを経験しました。特にアメリカは、狂騒の20年代（roaring twenties）というバブルとそれに続く恐慌を経験、その恐慌は世界中の先進国に広がり「世界大恐慌」となりました。

あとからふり返って見ると、これが無ければ、日米の戦争も起こらなかった可能性がありました。

１９２９年10月24日の暗黒の木曜日（Black Thursday）、同10月29日の悲劇の火曜日（Tragedy Tuesday）のニューヨーク証券取引所における大暴落から始まり世界中の資本主義国に広まった経済恐慌で、アメリカでは、１９４１年まで名目ＧＤＰは恐慌前の水準に戻りませんでした。そしてルーズヴェルトのニューディール政策も、１９３０年代後半に再び危機的状態になり、１９３８年の不況は、ルーズヴェルト不況と言われ、本格的回復は戦争を待たねばなりませんでした。

アメリカの大恐慌発生の原因については、マクロ的に言えば、１９２０年代というのは、第一次世界大戦が終わり、出征兵士も帰国し、また自動車、ラジオ等の新しい製品も開発され、アメリカは空前の好景気で「狂騒の20年代（roaring twenties）」と言われる一種のバブルを現出していました。面白いことに、１９８０年代後半から１９９０年代の前半に掛けての日本のバブルで、ジュリアナ東京のお立ち台で若い女性が踊り狂っていたように、アメリカの狂騒の

20年代でも、足を後ろに跳ね上げるチャールストンなどのダンスがはやりました。このバブルも景気循環により、1928年ころから、やや景気に陰りが見え始め、まさにリーマンショックのような株の暴落をきっかけに大恐慌となったのです。

米英などの大国は、それぞれ閉鎖的な自国の経済ブロックを作りました。一方、アメリカでは、共和党のフーヴァーが、大恐慌が発生した1929年に大統領に就任しましたが、不況対策に失敗し、民主党の人種差別的かつ反日的ルーズヴェルトが大統領になりましたから、大恐慌がなければ、ルーズヴェルトが大統領になることもなく、日米間の戦争もなかったかも知れません。

昭和4(1929)年というのは、世界に変動が起きた年でしたが、我が家にとっても因縁の深い年になりました。私の母方の祖父・日比野正治は、当時日本海軍が、海軍兵学校を卒業したばかりの少尉候補生に経験を積ませるために行なっていた遠洋航海に使われた練習艦2隻のうちの「浅間」の艦長で、練習艦隊司令官・野村吉三郎海軍中将(当時)の通訳的な役目も務めたようでした。その時のアルバムが残っており、練習艦隊の日程を見ると、アメリカ東岸には、9月24日から10月12日までおり、ニューヨーク証券取引所の大暴落寸前までワシントンDCなどアメリカ東岸に2週間強滞在したようです。その祖父がこの大暴落についての考察を残していました。アメリカが輸入関税を高めたことに言及していますので、スムート・ホーリー

練習艦（元巡洋艦）「浅間」
遠洋航海記念アルバム（昭和４年）

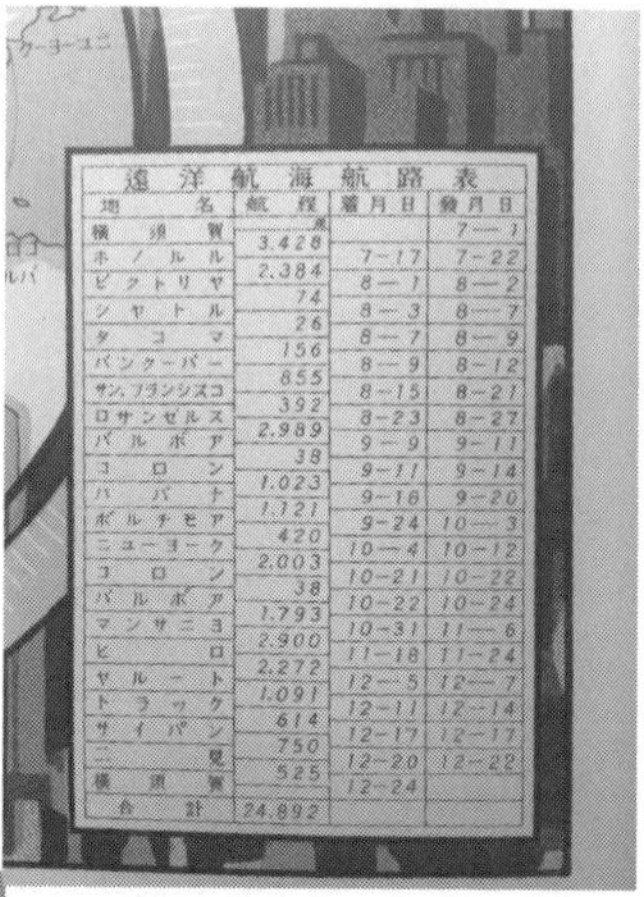

旅程の表だけ拡大したもの

戦艦「浅間」の遠洋航海の経路と旅程

法が成立した後、ルーズヴェルトが当選した後の１９３３年であったと推定されます。

スムート・ホーリー法は、１９３０年６月成立ですから、ニューヨーク証券取引所の大暴落の発生には関係ありませんが、その深刻化や長期化には悪影響を与えたと考えられます。やはり多くの国が報復し、アメリカにもブーメランのように悪影響を与えました。

現代の政治家が、この教訓を学んでいれば、アメリカと中国の関税アップ競争も、賢く解決できる可能性もあります。祖父は、ワシントンＤＣでは、フーヴァー大統領と会食しているようですが、ニューヨークにいたのは、ニューヨーク証券取引所で株式の大暴落が発生し大恐慌が起きる寸前であったわけです。従って、大恐慌に対する切実感も人一倍強かったと思われます。

以下、いよいよニューヨーク証券取引所の大暴落を含む祖父の論考です。１９２９年の暴落も、日本のバブル崩壊やアメリカのリーマンショックと共通性があるように見えます。

米国の近況（近況とは１９３３年当時のこと）

次に米国の近況はどうかと言うと、第一次世界大戦直後、米国は生産過剰に苦しんだが、一九二一年共和党が政権を握るや、商務長官フーヴァー氏の提案に従い、米国は自給自足の国であるから、関税障壁を高くし、国内の産業を保護すると共に国内の市場を開拓すれば、何時までも繁栄が続くという見地から、盛んに消費を奨励して、一九二八年までの八年間は予定通りの繁栄にみまわれた。そこで、出来るだけ借金をして物を買い、月賦販売制度などは極度の発達を遂げると言う風であった（狂騒の20年代）。しかし繁栄は、無限に続きはしなかった。欧州諸国は、アメリカに戦時国債による借金を支払うには、どうしても物資を売らねばならぬが、関税を高くされた為、それが不可能となったので、米国品を買うことが出来ず、遂にアメリカの海外貿易を不振に陥れる原因を成した。第一に、この傾向が現れたのは農産物であって、フーヴァー氏が大統領に立った一九二八年の夏に農村救済の必要が叫ばれたのであるが、繁栄の神様フーヴァー氏が大統領になれば、繁栄が続くであろうという考えから、遂に大統領に当選したのであった。フーヴァー氏が大統領になると、共和党は更に従前の政策に輪を掛けて関税を高くし（スムート・ホーリー法のこと）、益々以て海外貿易の不振を招くことになったのであるが、不景気の先駆けとして一九二九年の五月頃より鋼鉄と自動車の需要が減少し、さすがのウォール街にも秋風が吹き始めた。そこで財界の大立て者達は、景気を持続する一策として、政府当局を抱き込み、連邦準備銀行から資金の融通を受けて証券会社を興し、大々的に株券を買収し、株価の落潮を阻止したのみならず益々其の騰勢を煽ったのであるが、会社の資力がなくなると同時に、株価の大暴落を来した。それが一九二九年十月二十四日の所謂「暗黒の木曜日」であってユー・エス・スティール会社の株券の如きは、驚くなかれ、僅か一日にして二百六十五ドルから百六十五ドルと百ドルの暴落を示した程で、一日の損害額、実に百五十億ないし二百億ドルと称せられた。しかしながら前述の証券会社を興した連中は、いち早く同会社に所有株権を譲渡した為に、莫大な儲けをしたものも少なくなかった。最近、民主党政府になってからは、ロックフェラー系のニューヨークナショナルシティー銀行の頭取ミッチェル氏が拘引され、モルガン財閥の総帥モルガン氏や重役のラモント氏などが取り調べを受けたのは之に関係していると言うことである。斯様にアメリカの不況の原因は、自ら一種の経済封鎖を行なった結果であるが、不況の端は現れても高率関税の病膏肓に入った共和党の政府も議員も之を覚らず楽観的声明を行なうのみで時日を空費したものだから、不景気は加速度的に加わって、生産過剰は益々甚だしく、工場は閉鎖され、会社は破産し、株券は益々下落するのみであった。であるから、之を抵当として貸し出しを行なった銀行は続々として倒れ、昨年の秋頃には失業者の総数、無慮千二百万人、二十万人の無宿の児童が全米を流浪しているという悲惨な状況となった。昨年十一月大統領選挙が行なわれ、在野党のフランクリン・ルーズヴェルト氏が当選してから、政府の努力が緩んだ為か、財界の不況は益々拍車を掛け、本年（1933年）二月中旬ミシガン州の全銀行が閉鎖されたのを導火線として、全国的金融恐慌となり、新大統領が就任した三月四日には全国の銀行が作業を中止するのやむを得なきに至った。

しかしながら、アメリカの金融恐慌をもって、一概にアメリカ恐るるに足らずと観察するのは、極めて危険である。万年景気を誇ったアメリカが不況に陥ったのは何故であるかと言うと、第一次世界大戦後ヨーロッパ及び中南米に対して莫大な投資を行なったけれども、それは一向に対米購買力の増進とならず、国内の市場開拓も行き詰まった為である。換言すれば、不況の原因は、結局市場の喪失と言うことになる。然るに、日本は事実上、満洲を取り、将来有望な市場を確保したのであるから、今後日米関係は悪化するとも好転する原因となるまい。それればかりでない、従来ルーズヴェルト大統領は、ファッショ気分濃厚であると言われているのであるから、軍拡運動も相当盛んになるのではないかと思われる。将来、対支問題や南洋委任統治諸島問題を繞って、日米関係の紛糾は免れがたい形勢にある。

同じく「国際情勢の現状と日本の連盟脱退」と題する祖父の論文を引用します。

国際情勢の現状と日本の連盟脱退

前述した欧米諸国の情況から推論すれば、日本と連盟との関係について、欧州諸国は、これから掲げるような態度を持っていたのではないかと思う。欧州全体としては、第一次世界大戦中勃興した日米両国を戦わせて、之を疲弊させ、漁夫の利を占めるのが、最も容易にその復興を期する所以である。第一次世界大戦後、欧州とくにイギリスでは、かのヘクター・バイウォーター氏の著作を始めとして、日米戦争を煽るような宣伝が頻りに行なわれた。しかし、アメリカは中々決起しそうもないから、之を促進するような態度に出ねばならぬ。そうするには、連盟から日本を追い出し、世界の憎まれ者とするに若かず。フランス及びその同盟国としては、連盟を護り立てなければヴェルサイユ条約を維持できぬ、イギリスとしても、欧州の現状維持には連盟を擁護するに若かずとなる。イギリスとして余りに多く日本の肩を持てば、勿論アメリカからは嫌われ、支那には、排英ボイコットが起こるであろう。それのみではない、日米戦争の生起をも妨害することとなろう。日英両国は、かつて同盟していたが、之は日英米の三国がロシアに対して共同動作しなければならぬ当時の国際情勢がしからしめたのである。であるから、日露戦争後、満洲問題や移民問題で、日米両国が仲違いをすると、日英の関係には亀裂が入り一九一一年には改定された日英同盟はアメリカに対しては無害のものとなり、その後もかろうじて存続されたのは、ドイツの脅威があったからで、ワシントン会議の際、遂に破棄されてしまった。即ち、日英同盟は、日米英の三国が共同動作を取り得る期間のみ有効であったと言い得よう。

故に、英米を別物と考えるのは極めて危険であって、一体とみて、しかも、その間に相違の点を発見するというやり方が、寧ろ安全である。したがって、日米の接近ができたならば、イギリスは、十中八九付いてくるであろう。しからば英米が日本を後援する機会があるかと言えば、対ソ問題、即ち日本の存立が東洋の赤化防止に如何に有効であるかが、彼らにより認識された場合であろう。

独伊両国の立場から見れば、連盟と日本との関係が悪化し、経済封鎖や兵力行使が行なわれるようになれば、欧州における英仏の勢力は、必然衰えるからして、自己の野望を遂げるのに好都合である。

次にアメリカは、満洲事変勃発以来、如何なる態度を持したかと言うと、事変が起こった際、日本外務省は東京でもワシントンでも、「柳条湖事件は全く陸軍が勝手にやったことで、国民はあずかり知らず」と吹聴したと伝えられるが、エール大学外交調査会刊行の図書によれば、アメリカ政府は日本の陸軍及び外交の両部の間に意見の相違があるから「外交上強硬な態度をとって幣原外相を支持したならば、日本軍部の腰が砕けるであろう」と判断し、その通り行動した。

現在の情勢を総合すれば、過去一年有半におけるアメリカ政府の態度をだいたい第一期：満洲事変勃発より第一次上海事変まで（1931～1932年初め）第二期：第一次上海事変より満洲国承認まで（1932年）第三期：満洲国承認より現在（1933年）までに分かつことができるであろう。第一期においては、アメリカ政府は、単に外交上強硬な態度を持するに過ぎなかったが、第二期においては、国論は開戦論を主張する国務省派と自重論を主張する海軍省派とに分かれ、前者は依然として強硬外交を主張したけれども、段々後者の穏健な態度のために制動され鋭鋒を鈍らし、之と同時に予算と法規の許す範囲で、極力軍備の充実に務めた形跡がある。

第三期においては、従来の威嚇外交はすべて影を潜めて全く潜行的となり、私に連盟を動かして、自己の主張を貫こうとすると同時に、一層の努力を軍備の充実に注ぐに至ったようである。

アメリカ海軍省が、何故に自重したかと言えば、帝国海軍に対抗することが出来ると彼らをして信じさせるだけの海軍力が充実されておらず、帝国海軍の無言の威圧が有効であったのである。帝国海軍は戦争に備えるのみならず、戦争の勃発を防ぐという副任務を達成した訳だ。ベジエテウスが「平和を望む者は、先ず戦争に備えざるべからず」と言ったのは実に明言である。

アメリカの朝野には、従来「日本の満洲経営は、結局財政的に失敗に終わるであろう」という議論が流行していたが、最近、熱河が容易に征服され、満洲国の基礎が着々固まりつつあるのを見て、羨望と不安とに悩んでいるようである。
要するに、欧州の諸大国は、満洲問題について、日本の主張に同情しないわけではなかったが、欧州全体及び各国の事情が、日本に反対せざるを得なくさせたのである。また、アメリカとしては、単独で日本と戦うのは不利である、何とかして英仏を協力させたい、やむを得なければ、精神的な協調だけでもよろしいと考えたのではあるまいか。したがって、欧米諸国は、自己の不安を助長してまでも、これ以上日本に対して圧迫を加えようとする決意があるかどうかは、頗る疑わしい。

これは、１９３３年当時、海軍の情勢判断を、祖父が軍事普及部委員長として代弁したものですが、これが当時の当事者としての、各国の動きに関する感触であったのでしょう。一方、柳条湖事件の後のリットン報告の論調の中には、結論を除けば、祖父の感触を裏付けるように日本に同情的な部分も有ります。現代でも、アメリカとヨーロッパ諸国は、必ずしも意見が一致しているわけではないので、日本としては、その辺を突くべきで、単純に国際連盟脱退の道を選んだのは、粘りが足りなかったのではないかと思います。

（注5）日比野正治：明治18（1885）年愛知県祖父江町にて誕生。愛知一中—鳥羽商船学校—海軍兵学校（第34期）—海軍大学校等を修了または卒業、大正9（1920）年駐米大使館付き武官補佐官として渡米、ワシントン会議に参加、戦艦「日向」艦長、海軍省軍事普及部委員長（海軍少将）—駐満海軍部司令官—海軍大学校校長—第4艦隊司令長官—呉鎮守府司令長官—軍事参議官（最終階級海軍中将）—昭和17（1942）年退官、勲一等旭日大綬章を受勲。

（注6）ヘンリー・ルーズヴェルト（Henry Latrobe Roosevelt）：アメリカ海軍軍人、ルーズヴェルト家の一族、1933年官軍次官補後海軍次官代理。

（注7）高杉晋作：長州藩士、萩市出身、1862年藩命により幕府使節随行員として上海を訪れ、清が欧米の植民地になりつつある実情を見聞。その経験が、下関戦争の後の、英仏などの連合国との交渉で、あとはすべて相手の要求を飲んだが、彦島の租借だけは拒否したことに現れている。領土の期限付き租借が、植民地化を意味することを知っていたからであろう。1867年、肺病で満27才の若さで亡くなり、靖国神社に祀られている。

第2部　日本人が歴史戦で「負け続け」る理由

第1章　日中戦争の分岐点

1．西安事件と蒋介石の謎

西安は、かつての唐の都・長安です。１９３６（昭和11）年12月、蒋介石は、張学良の共産党攻撃を督戦するために西安に出向いて行ったところ、張学良は既に心変わりしており、楊虎城とともに、蒋介石を捕らえ監禁し、共産党の周恩来を呼びました。そして、それまで日本と闘うよりまず共産党を殲滅することを優先してきた蒋介石の方針（従って、日本との戦いは、緩慢なものであった）を１８０度変更させ、日本との戦いを第一優先とするよう迫ったのです。これを西安事件といいますが、つまり、第二次国共合作です。

西安事件は、真相のすべてが明らかになる前に、関係者がすべて死没してしまったので、すべてが明らかになった訳ではありません。一番もとのシナリオを書いたのはスターリンのようであり、捕らえた蒋介石を、中国共産党は殺害するつもりでしたが、ソ連（スターリン）からの命令で、生かしておいて利用するようにしたようです。蒋介石が、西安で約束した通りに行動することの担保は、当時モスクワにいて、ソ連政府の手にあった蔣介石の息子・蔣経国の人質としての価値であったと思えます。

しかし、西安事件から割に直ぐに、蔣経国は解放され蔣介石の手許に返されますから、それでも、蔣介石が国共合作を守り続ける保証は何だったのでしょう。蔣介石は、心底から心変わりしたのでしょうか。結局、蔣介石は共産党に負けて台湾に逃げたわけですから、息子が帰ってきたら、また共産党殲滅に方針を変えても良かったと思いますが、他にも担保があったのでしょうか。

もう1つの謎は、日本、特に陸軍は西安事件発生の情報は掴んでいたと思われますが、この影響をどう考え、どう対応したのかという点です。私は、当時の陸軍や、その他の日本の機関がどう論評していたのか、対中国の戦略を変えたのかについての文献を読んだことがなく、ずっと疑問が残っています。

2．蔣介石の「最後の関頭」演説

これは、蔣介石の廬山談話と言われる声明で「最後の関頭」演説とも呼ばれており、1937年7月17日に出されました。注意すべきは、これが西安事件より後で出されたことです。共産党撃滅第一から反日第一に（第二次国共合作）への大転換になりますから、そのけじめとして蒋介石として何らかの声明を自陣営の兵士その他に出す必要があったのは当然だと思います。西安事件の前後では、蒋介石を取り巻く諸事情は一変したと言えるくらい西安事件は重大な出来事です。

3. 盧溝橋事件

盧溝橋事件は、日中戦争が始まったきっかけであると教科書や多くの歴史書に書かれています。確かに、時系列的に言えば、塘沽協定で満洲事変が収まってから約4年間、日中間には、小テロ事件は結構ありましたが、大きな軍事的衝突はなく、その後初めての目立った軍事的衝突が盧溝橋事件であり、日本も増援を決めましたから、そう言うのも分からないではありません。

しかし、盧溝橋事件それ自体は、蒋介石率いる中央軍は関係しておらず、現地軍同士は直ぐに停戦し、現地解決を計り、早くも発生10日過ぎには、中国側現地軍の29軍のトップ宋哲元が、日本側陸軍の現地トップと会見を行い、遺憾の意を丁重に表しています。

また、関係した両軍の規模も、後述の第二次上海事変とは比べものにならないほど小人数でした。それでも、盧溝橋事件を日中戦争のきっかけと強調し、第二次上海事変に触れないのは、私には、何か下心があるように見えます。

第二次上海事変は後で詳述しますが、日中の兵力差、中国軍の準備の周到さ等を見ると、こちらを日中戦争のきっかけとしてしまうと、完全に中国側が開戦の火蓋を切ったとしか見えないのを憚っているのではないでしょうか。中国を悪く言ってはいけないというGHQの報道規制30項目の第9項が、まだ尾を引いているように見えます。

なお、盧溝橋事件と第二次上海事変は、事件と事変と言葉が使い分けられているように、規模も性格もまったく異なります。更に決定的なことを言えば、盧溝橋事件など無くても、日中戦争は起こったでしょうが、第二次上海事変がなければ、日本軍の南京攻撃も起こらず、日中戦争も起きなかった可能性が強いと思います。

一応、盧溝橋事件の顛末を辿っておきましょう。1937(昭和12)年7月7日の夜、盧溝橋(別名マルコ・ポーロ橋)近くの荒れ地で演習をしていた日本軍に(日本軍は北京議定書に基づいて駐留し、演習も予定を中国側に通告していた)、中国軍陣地から実弾が撃ち込まれました。これが陰謀なのか、興奮した兵士の個人的行為なのかは今以て判明していませんが、共産党が、日本と国民政府側を戦わせようとした陰謀ではないかという疑いがかなり強いのです。戦闘自体は日本側の死傷者が合計数十名、中国側が300名程度で終わったので、その限りにおいては、大きな軍事衝突ではありませんが、両国の中枢部にも、大きな影響を与えたのも真実です。

そして、盧溝橋事件の後、7月25日の廊坊事件、翌26日の広安門事件と続き、29日には遂に、大勢の日本人が虐殺された通州事件が起き、軍部ではなく一般日本人の中国に対する堪忍袋の緒が切れ、「暴支膺懲《ぼうしようちょう》」ということになりました。

これらの事件は、いずれも中国側から仕掛けたものです。そして、決定はしていたが実行はしていなかった、中国大陸への軍の増援を実行させたのは、このようなテロの続発によるものです。決して、日本が大陸に領土的野心を持っていたからではありません。

それを偽書・田中上奏文などというものを証拠に、日本が世界征服の野心を持っていた等というのは、まったくのフェイクでプロパガンダとしての言いがかりです。

日本人が反省すべきは、人の良さです。特に海外あるいは外人に対しては、決して心を許してはいけないということです。昨日まで、にこにこ笑って、一緒に麻雀をしていた相手が、今日は虐殺をする反乱軍の隊長になっているのです。日本の特務機関は何をしていたのかと言いたいところです。

今日も、中国には大勢の駐在員がいますが、何かあれば再び虐殺などの事件が起こる可能性があることを、駐在員を派遣している企業の幹部は頭に入れているのでしょうか。

4. 通州事件

1937（昭和12）年7月29日に発生した通州事件は、軍人より一般日本人の堪忍袋の緒を切らせた原因となった事件です。

通州は、北京東方20キロメートルにある古都です。この当時、この周辺は親日政権と思われていた冀東防共自治政府が支配しており、その武装部隊は、保安隊と呼ばれていました。隊長のあるものは、日本人と親しく麻雀をする仲でした。この保安隊が反乱し、大規模な虐殺を行ったのです。

蒋介石の国民政府は、日本軍が彼らに敗れたという偽情報を流し、反乱を煽った証拠があり、彼らが意図したものであることは明らかです。日本人を虐殺した反乱側は、反乱決行前に別の理由を設けて戸籍調査と称する調査を行い、日本人の家に印をつけて回り、反乱実行の時は、それを目印に、その家屋の日本人を虐殺して回りました。

この話を聞いて、私はアラビアンナイトのアリババと40人の盗賊の話を思い出しました。アラビアンナイトでは、賢い女奴隷が、全部の家に同じ目印をつけて回り、盗賊の意図を無駄にして人々を救いましたが、通州の日本人の中には、そういううまい知恵はなかったようです。

また、今でも一部の日本人の中には、その前に日本軍の飛行機が、中国29軍を誤爆したのが悪く、虐殺されてもしようがなかったと論じる人々がいるようですが、誤爆の件は、日本軍は十分に謝罪や補償を行っており、虐殺を正当化する理由にはなりません。また、誤爆くらいで、あれほど酷い虐殺が正当化されるのなら、日本軍にも相当厳しい報復が許されるのではないでしょうか。

戦時国際法では報復は正当化されており、日本軍が、どこかで通州の報復を行ったとしても、国際法上では正当化できます。通州事件の事実関係の詳細を明らかにしておきましょう。

発生日：昭和12（1937）年7月29日

この事件により、日本人225人（軍人の戦死者は除く、虐殺された人のうち朝鮮半島出身者111名）、が虐殺されました。虐殺被害者の中には、中国人に、綿花栽培の技術指導という現地への貢献のため、通州に駐在していた人と、その家族が含まれています。

虐殺者：中国人保安隊（第一総隊、第二総隊、教導総隊、約3000人）

原因：1. 日本側は、保安隊は親日であるというご認識で、まさか保安隊が反乱するとは思っておらず、日本軍通州守備隊が出払っていたこと（日本軍の油断）。
2. 日本軍が中国軍に敗れたという偽ニュースを国民政府が流したこと。
3. 保安隊の中には共産党の思想をもった分子が相当に浸透していたこと。

現地の状況について、通州は、親日的な冀東自治政府が統治しており、冀東政府の主席は殷汝耕という親日派の中国人で、保安隊は、冀東政府の組織でした。しかし、保安隊の中には、相当数の共産分子が入り込んでおり、また正規の軍である29軍が影響力を持っており、つねに反乱の煽動工作を行っていました。

教訓ですが、いかに親日的に見えても、本心は分からず、何が起きるか分かりません。今も多くの企業が、中国に多数の駐在員を送り込んでいますが、日頃から、十分な情報を入手する手当を講じ、安全に関わる情勢に注意（危機管理）を行っておく必要があります。日本人は、過去の教訓を生かしているとは思えません。

一方、通州事件があっても、日本人は横浜中華街などの中国人の虐殺などは行っていません。

被害者の一人、石井亨さんは、現地の綿花栽培技術を向上させるため、冀東政府実業庁植棉指導所に技術指導員として派遣され、現地の綿作技術向上のために働いていたにもかかわらず殺害されました。石井さんは、撃たれて瀕死の中で「賑やかに　行くや三途の　河原哉」という辞世の句を残しています。同じような場面で、自分は同じような行動が取れるだろうかと、当時の日本人の人間としての重厚さ、あるいは覚悟の強さには感心します。石井さんの他にも、数人の指導員とその妻たちが殺害されていますが、中には、奇跡的に生き残り、妊娠中の方2名は、無事出産して、そのお子さんは存命です。

平成29（2017）年は「通州事件80周年」に当たりますが、通州事件アーカイブス設立基金の努力により、事件の日である平成29年7月29日に盛大な集会を催しました。

通州事件の後、8月13日には、本格的で大規模な中国軍による攻撃であった第二次上海事変が起こったことで、いよいよ日中戦争（支那事変）が始まります。

5. 船津和平工作

日中間の紛争が、いよいよ本格的な武力紛争になりつつあった昭和12（1937）年、日本は、陸軍、海軍、外務省が一緒に作り上げた和平案の提案を行おうとして、第一回目の話し合いが、8月9日に上海で行われる予定でしたが、当日に大山大尉殺害事件が起こり、この工作は交渉初日で頓挫してしまいました。

和平案の骨子は、次のようなもので、満洲事変後、日本が得た権益のほとんどを放棄しようという寛大きわまりないものでした。

一、塘沽停戦協定、梅津・何応欽、土肥原・秦徳純協定など日本に有利な北支に関する軍事協定を、すべて解消する。

一、非武装地帯をつくる。
一、冀東政権を解消し、南京政府の下に置く。
一、日本駐屯軍の兵士は、以前と同じ状態に戻す。

私は、大山大尉の殺害だけで、これだけ大きな決断をした日本の指導者たちが、和平を断念してしまったのは信じられない思いです。大山大尉には申し訳ないが、この殺害事件は、日中の和平とは比べられないような小事であり、それで頓挫してしまったというのは、どうも理解できないのです。

一方、大山大尉殺害が、はっきり目的を持って行われたとすれば、日本と国民政府の間の和平を阻止したいという共産党あるいはコミンテルンの策謀であった可能性が強いと思います。

また、一太尉の殺害で、国と国の和平協議が潰れてしまったのは、協議の準備と根回しにおいて、綿密さが足りなかったのではないでしょうか。

6．第二次上海事変

第二次上海事変こそ、本格的日中戦争の始まりです。上海の日本人居留民保護のために駐屯していた日本軍は、せいぜい４０００人の特別陸戦隊でした。一方、ドイツのファルケンハウゼン将軍を長とする軍事顧問団は、１９３６年から蒋介石軍を指導して、トーチカ群を建設させ、日本軍を包囲するようにしました。蒋介石軍は、日本軍攻撃のために毒ガスまで準備しました。

8月12日頃の中国軍の配置兵力は、約3万人が国際共同租界の日本人地区を包囲し、15日には、中国軍の兵力は7万あまりになりました。日本軍は、不拡大方針に従い、できるだけ攻撃を自重していました。しかし、そのままでは、数的に劣勢な日本軍（特別陸戦隊）は壊滅するおそれがあり、8月23日には、日本の上海派遣軍二個師団が上海北部に上陸しました。11月5日には、上海南方60キロメートルの杭州湾に面した金山衛に日本の第10軍が上陸、蘇州河で戦っていた中国軍は、第10軍によって退路を断たれることを心配し、11月9日一斉に退却しはじめました。

戦闘の詳細を、これ以上述べてもしかたがないので、この事変の意義を総括してみました。国民政府中央の意思、集中した兵士が国民政府の中央軍であったこと、投入した兵力など、いずれを取っても、第二次上海事変こそ、日中戦争の始まりでした。

日本側は、日本軍が慎重であったことを認めています。解も、日本軍が少なくとも初期は不拡大方針に徹して、行動は慎重でした。米英のマスコミの見解も、日本軍が慎重であったことを認めています。

この事変の発生には、ドイツの軍事顧問団が果たした役割が大きいのです。ファルケンハウゼンは、諸々の戦闘技術を教えただけではなく、蒋介石に「今でしょ！」とささやいて、日本との戦争をけしかけたのです。ドイツが親日的であったということはありません。

この戦闘の結果、蒋介石は、その精鋭部隊を失いました。

7．トラウトマン和平工作の失敗

トラウトマンとは、ドイツの外交官の名前です。彼は、1921年には、神戸のドイツ総領事であり、1922年には駐日ドイツ大使館の参事官でした。そして、1935年、在南京のドイツ公使を経て、1937年には駐支ドイツ大使を務め、日支両国と縁のある人でした。

ドイツにとっては、日本が支那に力を取られずに対ソ連に専念して欲しく、日本と蒋介石の和平は国益に適うことでした。一方、日本も支那と戦争することは決して望んでおらず、ただ排日テロが抑えられ治安が守られ、日貨排斥などが収まればよかったので、和平の仲介をしてくれる第三国を求めていました。

昭和12（1937）年、まず船津辰一郎を使った和平工作が行われましたが、恐らく共産党の謀略によると思われる和平妨害工作により挫折しました。しかし、日本では、陸軍参謀本部次長・多田駿の主導により、陸軍、海軍、外務省の合意により、船津工作の時とほぼ同じく蒋介石政権に対し非常に寛大な案をもって、第三国による和平の仲介を求めたのです。日本の当初の提案は、船津和平工作の時と同じく寛大な内容で、蒋介石政権内部の意見も受け入れの意見が強かったのです。

ところが、蒋介石が、欧米からの圧力によって、さらに有利な条件での和平を期待して、トラウトマン経由で提示された和平案に回答せず時間稼ぎをしていました。

すると、その間に、絶対的に有利な兵力で仕掛けた上海戦に敗れ、虎の子の精鋭兵力を失い、さらに南京も落とされ情勢が変わりました。そこで、今度は日本側が欲を出し、和平条件を蒋介石にとって厳しいものに変えてしまったので、今度は蒋介石も受け入れられなくなり、このトラウトマン和平工作も実を結ぶことができませんでした。

結局、日支双方、目先の出来事のため大局的な判断を誤り、折角の和平のチャンスは逃げてしまったのです。個人でも国家でも、如何にして大局的判断を誤らないことが大切かが分かります。

8. 南京戦と虐殺問題

第二次上海事変で、初めは10倍以上の兵力を持つ蒋介石軍に苦戦した日本軍も、第10軍が杭州湾方面から上陸して、上海方面で日本軍に対抗していた蒋介石軍が退路を断たれると思い退却して勝敗の決着が付いた後、南京まで進撃するかどうか日本軍の中にも異論があったのですが、南京を陥落させれば、蒋介石も屈服するという考えが勝って、結局、南京まで進撃し、昭和12年12月4日から13日間という短期間で攻略しました。

この間に、日本軍が南京の支那軍や民間人を大量に虐殺したと主張する共産中国政府やそれに追随する日本人が主張するのがいわゆる「南京（大）虐殺問題」です。南京での虐殺について、30万人くらいという大虐殺派、虐殺は、ほとんどゼロに近いと考える人々、そして4万人くらいだと考える中間派がいます。また、中、米、日の中の反日派が、そう主張する理由を整理してみます。事実関係については、さんざん議論されていますので、あとの方で、簡単に整理します。

この問題に固執する中国の理由は、ドイツのシュピーゲル誌（ヨーロッパ一の発行部数を誇る週刊誌）の１９９７年49号で「中国が、この数字（30万人虐殺）を握って放さないのは、文化大革命で毛沢東主義者が自国民にやってのけた大量虐殺から目をそらせる効果を狙ってのことだろう」というどちらかというと内政面での狙いと、中国政府を代弁する雑誌に「南京事件は、相当長い期間に亘って日本を叩くネタになる」と書かれているように外交上の道具にしようという狙いからです。

アメリカは、そう大っぴらに、南京事件について中国を支持してはいませんが、政府、特に民主党政府や大統領の発言を聞いていると、南京虐殺問題に関しては、暗に中国寄りの発言をしています。東京裁判では、大っぴらに南京大虐殺派として行動しました。その理由は、原爆投下を相殺する効果を狙ってのことです。CIE（民間情報教育局）が発行した文書に、「原爆投下への非難に対しては、日本のやった悪いことを言って対応しろ」と、はっきり書いてあります。私が入手した民間情報教育局の局長に対して出された文書の1つに、昭和23（1948）年2月8日付のものがあります。そこでは、民間情報教育局の第3期の活動の主眼の1つは、広島、長崎への原爆投下についての想定される日本人の態度に対する対応とすることを勧告しています。慰安婦問題なども、原爆投下の罪を中和するために使われています。

一方、日本の反日派の狙いですが、先ず、長年支持してきた大虐殺論を、今更変更できるかというのが隠れた大きな要素だと思います。WGIPの洗脳というのは、大変大がかりで、長期的に効果を維持するような仕掛けがなされています。70年以上経っているのに、何故、日本人にそう言う人たちが多いのでしょう。欧米人でも、同じ環境下に置かれれば、同じように洗脳にどっぷり浸かってしまうのか等の疑問がわき上がってきます。

日本人が2000年来置かれた特殊な環境を考えてみましょう。島国で、世界一荒れる海に守られ、周辺国から侵略されにくく、住んでいるのは、ほぼ単一民族で、周りの人を信用し、善意で接していても、あまり間違いがなく、地震や火山と言った自然災害こそ多いものの、気候風土も穏やかかという環境が、日本人の人の良さを育んだのではないでしょうか。これによって外国から大きな害を受けないためには、よほど意識して注意する必要があります。

では、この南京戦の特徴を列記してみましょう。

初め死守を言っていた蔣介石は、まず自分が逃げ出した後、守備司令官の唐生智にも脱出を指示し、唐生智も脱出してしまい、蔣介石軍は、司令官なき無統制な軍となり、国際法上、捕虜になりにくい状態になってしまいました。

蔣介石軍の多くの兵士が、軍服を脱ぎ捨て、所謂便衣兵になったので、戦時国際法によって捕虜として保護される資格を失い、日本軍に殺害されても仕方がない状態になりました。ベトナム戦で、アメリカ軍はベトコンを捕まえれば即時射殺した例が多いと言われます。

蔣介石軍には、督戦隊がいて、逃げる味方を射撃して殺害し、同士討ちが多発しました。

支那軍は、負けて退却するとき、民家を襲い略奪するのが常でした。

漢口において多数回開いた蔣介石軍の記者会見でも、一回も日本軍による大量虐殺に言及していません。

毛沢東も、日本軍の虐殺には一回も言及していません。それどころか、日本軍は、包囲はするが殲滅をしないと批判しています。

南京において、日本軍が中国人を不法に殺害したという話が、公式に取り上げられたのは、東京裁判においてですが、東京裁判の法理論的不当性はひとまず置いておいたとしても、ここで例の百人斬り以外で、東京裁判および南京裁判においてB級の戦犯として有罪になった人はいません。A級やC級は上級の指揮官が問われる罪です。つまり、南京事件は、実行犯なき犯罪行為だということになります。

南京市の人口の推移は、かなり具体的に把握されています。大虐殺派の笠原氏の著書の数字を見ても、戦闘終結から、あまり間をおかない1938年2月が20万人で、同年10月には約33万人あるいは55万人というデータもあります。日本軍が大虐殺をして同胞が多数理不尽に虐殺されたところに、こんなに大勢の人が戻るでしょうか。普通なら怖くて戻れないはずです。この現象について、虐殺派の人は説明していません。

虐殺派の人は、彼らが主張する虐殺数の根拠になった証拠のきちんとした検証をほとんどしません。

今や「南京大虐殺」は、政治・外交上のプロパガンダとしてのみ存在し、学術的に真面目な論としては存在しません。

この昭和12（1937）年、日中間には諸々の事件が起こりました。この「昭和12年」という年に着目し、歴史学だけにとどまらず、あらゆる専門分野の枠組みを超えて、昭和12年に起こった事件の真実を追求することを目的とした「昭和12年学会」（宮脇淳子会長）という団体が設立されています。

2章　日米戦争はなぜ起きたか

私の父は、日米の激闘を働き盛りの海軍士官として戦いました。その父がよく言っていたのは「戦争は、一方が一方的に悪くて起こるのではない、双方に原因がある」でした。

この戦争の原因を、よく分析で使われる横軸・縦軸に分ける、あるいは4つの象限に分ける分析手法にて冷静に分析してみました。

先ず、1．アメリカ及び日本以外の要因と2．日本側に起因する要因です。次にa．意図的あるいは相手との戦争を意図あるいは覚悟して行なった行動とb．偶発的要因と分け、それらの組み合わせで、1a、1b、2a、2bの四分類になります。順に考察します。

1．アメリカその他が対日戦を意図したか覚悟して起こした事件（1a）

（1）白船騒動――大人の対応をした日本

黒船ならぬ白船の騒動は、1898年米西戦争に勝ちフィリピンを得た当時のアメリカが、1904～1907年にかけて11隻の戦艦を建造し、その海軍力を世界に誇示したいと考えていたことから始まりました。当時のアメリカ合衆国大統領のセオドア・ルーズヴェルトは、海軍と縁が深く、それだけ海軍に対する思い入れが深かったのですが、この戦艦群に世界を周航させることを思いつき、まず、大西洋艦隊を太平洋側に回航することを１９０７年、議会で発表しました。しかし、構想としては、世界周航の考えを持っていました。そして翌年3月11日、艦隊がメキシコのマグダレナに到着すると、航海の目的は世界一周だと発表しました。そして、この艦隊は、その船体を真っ白に塗っていたため、「Great White Fleet（白い大艦隊）」と呼ばれ、日本では黒船との連想で白船と呼ばれました。本件についても、祖父の論文の中でも、更に詳しく説明されています。

周航の目的は、単一ではありませんでしたが、日露戦争に勝ち、急に世界の強国に踊り出た日本に対し、アメリカの海軍力を誇示することは主目的の１つでした。特にフィリピンを領有したので、フィリピンの防衛ということはアメリカにとって重要事項となり、距離的に近い日本は、基本的に警戒すべき国になってしまったわけです。

航海は、細かく区切れば、４回に渡って行なわれ、その内１９０８（明治41）年7月から行なわれた第３回目の航海のうちに日本（横浜）が含まれており、実際１９０８年10月18日から25日まで横浜に停泊し、日本側は、前弩級戦艦6隻を含む接伴艦隊を出して、接遇しました。

日本の態度は、敵対的態度を示さず、連日歓迎・友好の態度を示し、アメリカ側の将校は連日、園遊会等のパーティーに招待され、児童も星条旗を振りアメリカ国歌を歌わせるなど歓迎の姿を見せました。アメリカ側も、素行の良い水兵のみを上陸させるなどの気を使いました。日本側も内心は反発もあったでしょうが、表面的には大歓迎という大人の反応を見せました。

(2) 日英同盟の廃棄――ワシントン会議で成功したアメリカの対日及び日英離間戦略

1921〜1922年にかけて行なわれたワシントン会議において、日英同盟が廃棄されました。日英同盟廃棄に対する日本側の抵抗が弱かったように見えます。

ワシントン会議における話題としては、主力艦の米英日の比率5対5対3が話題にされることが多いのですが、私は、長期戦略的には、日英同盟廃棄のほうが大きな影響を与えたと思います。

(3) フランクリン・ルーズヴェルト――容共、反日、好戦、親中の大統領

セオドアも含むルーズヴェルト一家にも、マニフェスト・デスティニーの思想は、少なくとも潜在的にはあったのではないかと思われますが、特にフランクリンには、この思想が顕著だったと思われます。それは、フーヴァー元大統領が、その回想録『裏切られた自由(Freedom Betrayed)』で、「あの戦争(第二次世界大戦)は、一人の狂人(フランクリン・ルーズヴェルトのこと）によって引き起こされた」と指摘し、彼の大きな間違いとして、ソ連を承認し、スターリンに対し好意的だったと評価しています。

この、アメリカ政府が日本に対して行なった禁輸政策については、アメリカ海軍の高官も「自分が日本なら、南アジアに石油等の資源を取りに出る」とコメントしています。

またアメリカ議会にも一般市民にも知らされなかったハルノート（アメリカでは10項目の提案――Ten-point proposal to the Japanese Ambassador in Washington）を、隠れ共産党員のハリー・デクスター・ホワイトに起草させています。

（4）共産党あるいはコミンテルン――ルーズヴェルト政権への浸透

コミンテルンあるいはソ連は、アメリカ政府に数多くの共産党員を浸透させ、アメリカと日本と戦わせようと策謀しました。

（5）蒋介石政権――存亡を掛けたアメリカ政府への働きかけ

彼らは、自分たちの生き残りをかけ、ハル国務長官がうるさいと感じるほど激しくアメリカ政府へ、日本と戦うよう働きかけを行ないました。

2. アメリカなどが、対日戦を意識して起こしたわけではない事件（1b）

（1）ユダヤ教――旧約聖書に引き継がれた選民思想

イギリス国教に伝わり、その中の極端な思想を持つピューリタンがイギリスでは迫害されアメリカ大陸に逃れました。これが、良くも悪くもアメリカのWASP（白人、アングロ・サクソン、プロテスタント）の思想の源流となり、そこから生まれた「自分たちは神から選ばれた民で、西へ西へと領土を広める義務がある」という選民思想が、具体的には1845年にジョン・オサリヴァンが唱えた「マニフェスト・デスティニー」となりました。

ペリーが日本に来たのは、それから僅か8年後です。

（2）1924年の排日移民法――ほんの一言が命取りに

駐ワシントンDCの日本大使が、アメリアの国務長官に送った書簡に、「グレーブコンシークエンス（重大なる結果）」という言葉が含まれていたため、それまで、親日、反日が拮抗していたアメリカ世論が急変し、排日移民法が可決されてしまいました。その結果、日本側も反米世論が高まったのです。

要人の発言に含まれた片言隻句により、政治情勢が大きく動いてしまった例としては、小池百合子東京都知事の「排除」という語の使用があります。理論的には正しくても、言葉の使い方には用心しなければいけません。

（3）1929年の世界大恐慌——景気循環と高関税政策のミス

既に詳述しましたが、1929年に起きたニューヨーク証券取引所の株価暴落（暗黒の木曜日、悲劇の火曜日）をきっかけに発生した世界大恐慌により、1933年フーヴァー大統領の再選がならず、フランクリン・ルーズヴェルトが大統領として登場してしまったことは、日米間の戦争に決定的な影響を与えました。

フーヴァー大統領の政策は、アメリカが直接攻撃されない限り、ヨーロッパでもアジアでも戦争に介入しないというものでしたから、世界大恐慌が発生しなければ、ルーズヴェルトの登場もなく、日米間の戦争も起こらなかった可能性が大きいと思います。

（4）蔣介石の誤判断——日中和平のチャンスを逃す

蔣介石の誤判断として、第一に、1937年7月に起きた西安事件があります。張学良の裏切りに気付かず、西安まで督戦に出かけていって、まんまと捕まってしまい、日本と戦うことを第一にする第二次国共合作に同意させられてしまいました。

そして、1カ月後の1937年8月には、ドイツから派遣されていた軍事顧問ファルケンハウゼンの唆しにのって、第二次上海事変を起こし、日本との本格戦争に突入しました。日本軍にも損害を与えましたが、蒋介石の国民政府軍も精鋭を失いました。

また、同年12月のトラウトマンの和平工作では、日本は、最大に中国に譲った和平案に対し、蒋介石は欲を出し、逡巡している間に千載一遇の和平のチャンスを逸しました。

3．日本側による戦争を意図あるいは覚悟した行動（2a）

日本側からアメリカとの戦争を意図した行動は、一切ありません。日本側は、政府も軍部も、アメリカの強大さは知っており、日本側から、進んでアメリカに戦争を仕掛けることはありませんでした。

戦後、日本で流布した日本原因説あるいは無謀な戦争を仕掛けたという説は、アメリカが意図的に流布したフェイクニュースで、まさに「東京裁判史観」です。

4．日本側で対米戦まで意図せずに起こした偶発的な事件（2b）

（1）1905年の、桂―ハリマン協定のキャンセルー首相の約束を何故反故に

これは、アメリカを反日に追いやった失策でした。いやしくも首相の立場にある人が、伊藤博文のような元老の同意も得てした約束を反故にすれば怒るのは当然でしょう。日本としても、満洲の経営にアメリカを引き込んでおけば、満洲がらみのその後の外交の展開も、まったく変わっていた可能性があります。いかに小村寿太郎が日本の外交に功績があったとしても、その反対によって、元老の同意も得た桂首相が、なぜ自分のした約束を取り下げたのか私には謎であり、残念です。

（2）イギリスの友好的サインの見逃し――イギリスの日本への友好のサインの見落としか

1939（昭和14）年に起こった天津事件時に、イギリスが発したと思われる親日のサインを見落としたのではないかと思われます。

祖父・日比野正治は、天津事件が起きた当時、第4艦隊の司令長官として、青島を根拠地として、天津もその責任区として勤務しており、天津事件は陸上のイギリス及びフランス租界に関することなので、当然陸軍が主務者でしたが、当事者のイギリスも艦隊を派遣しており、海軍同士として、イギリス艦の艦長とは接触があったようです。イギリスは、非常に強硬な態度に出てくると予測していたところ、東京で開かれた日本の有田外務大臣とイギリスの駐日大使

クレーギーとの会談において、全く予測に反して、イギリスは、日本に対し全面的に妥協してきたそうで、非常に驚いたと祖父は日記に書いています。

しかし、アメリカは、日英の妥結の直後、イギリスの対日接近を牽制するため、日米通商航海条約の破棄を通告してきたのです。通商航海条約を破棄して無条約にするということは、宣戦布告の一歩手前と考えてもよく、日米どちらが戦争を望んでいたかは、このことからも明らかです。

この辺から推測するに、イギリスは、日本と協力することを考えていた節があります。それは、第一次世界大戦の折、地中海方面でのドイツ潜水艦による潜水艦戦に苦しんだイギリスが、日本に助けを求め、日本は第2特務艦隊を派遣して対応、大いに連合国側を助けたという経験があり、ドイツとの雲行きも怪しくなりつつあった当時、日本と組むことも考えた可能性もあると思います。日本と組めば、アジア植民地の防衛のために兵力を割く必要もなくなり、イギリスには大きなメリットがあったので、日英の同盟というのは、合理的な戦略でした。

一方、アメリカにとっては、日英に組まれると、日本との戦争がやりにくくなるので、イギリスを牽制するために、日米通商航海条約の破棄を通告したと考えてもおかしくないと思います。

これを見逃した日本政府は、勘が悪かったのではないでしょうか。日本にとっては、日英同盟があれば、アメリカが日本に戦争を仕掛けるのは難しかったと思われます。

(3) 日独伊三国同盟——バスに乗り遅れるな

三国同盟は、日独とも、大したメリットも得られず、日本としては、アメリカに、ドイツとの開戦のために、日本との開戦を口実に使われるチャンスをアメリカに与えることになっただけという結果を生んでしまいました。ドイツと組むなら、ソ連を挟み撃ちにしてこそ、意味があったのですが、それもせず、「バスに乗り遅れるな」という戦略無き同盟になり、日本に取ってはマイナスの同盟でした。

(4) 南部仏印への進駐——この時期でも、日本は開戦を完全に決断していなかった

日本軍の南部仏印進駐が起きたのは、1941(昭和16)年7月28日であって、日米開戦約4カ月半前です。今までの説明(史観)によれば、南部仏印進駐が、日本側が行った日米及び日英戦の引き金であったということになります。しかし実態は、アメリカが、戦争の引き金を日本が引いたように見せる絶好の機会を提供したと言った方が正確です。ハルノートの第3条に仏印(北部、南部は区別していない)からの軍の撤退に触れています。

そもそも、日本は何故仏印に侵攻したのでしょうか。当時、日本と蒋介石の国民政府は実質

的には戦争状態にありましたが、双方とも宣戦布告はしていませんでした。それは、戦時国際法上、アメリカその他の第三国から、武器その他を戦争当事国に提供できないという状態を避けるためです。そして、おもに米英が蒋介石を援助するために物資を運ぶルートである援蒋ルートが幾つかあり、この仏印を通るルートは、中でも最大のルートであり、日本としては封鎖したいものでした。

仏印とは、現在のベトナム、カンボジア、ラオスのことで、仏という名があるようにフランスの植民地であり、フランス人の総督がいて統治していました。一方、フランス本国は、北半分はドイツ軍に占領され、南半分は、ドイツに協力的なヴィシー政府が統治し、一方イギリスには、ドゴール将軍の自由フランスという亡命政府が存在し、多くの植民地は、この自由フランスを支持していました。

しかし、日本は仏印現地の政府と交渉し、1940（昭和15）年6月北部仏印に進駐、アメリカは9月26日屑鉄の輸出を禁止し、日本は、更に翌1941（昭和16）年7月28日には南部仏印への進駐を開始しました。現に、プリンス・オブ・ウエールズ号を撃沈した攻撃機はサイゴンから発進しており、サイゴンと戦場は約600キロメートルくらいですが、もし2000キロメートルもある台湾の高雄から飛んできたら、この作戦は不可能であったかも知れません。

マレー沖海戦の攻撃隊はサイゴンから発進していますが、この攻撃隊のある飛行隊長は私の父の海軍兵学校の同期生でした。そして、沈み行くイギリスの軍艦から投げ出され海上に漂っていた英兵を救助しようとしていたイギリス艦の攻撃を、日本の攻撃隊は控えたのです。また、沈み行く艦と運命を共にしようとするイギリス海軍のフィリップス提督に、攻撃機の機長は敬礼を送ったそうです（沈む艦や船と艦長あるいは船長が運命を共にするのは、日本海軍の場合だけではありません）。この時の日英両軍の間には、武士道や騎士道があったのだと思います。そしてイギリス海軍は帝国海軍の師匠でした。私の祖父・謙吉は、19世紀の末にイギリスのグリニッチにあるロイヤル・ネイバル・カレッジの聴講生であったことがあります。

日本の目的は、仏印経由で蔣介石政府に物資や武器を輸送していたいわゆる援蔣ルートを閉ざすことでした。しかし、ルーズヴェルト政権としては、開戦理由にできること何かを、今か今かと待っており、日本軍の南部仏印進駐は、対日圧力を強めるために待ってましたという事件だったと思います。それまでも着々と進んでいた対日石油輸出が、１９４１年8月全面禁輸になり、日米戦争の発生は、ほとんど決定的になりました。

結果論かも知れませんが、マレー沖海戦で、日本の航空隊がプリンス・オブ・ウエールズを撃沈できて、マレー半島を進撃し、シンガポールを攻略できたのは、サイゴンに航空基地があったからで、遠い台湾からでは、有効な攻撃はできなかったと思われ、そういう意味では、南部仏印進駐は役に立ったのです。

しかし、開戦に至る経過を見ると、昭和16年10月12日という開戦まで余すところ2カ月足らずの時に、日本の指導者は荻外荘《てきがいそう》会議などで、アメリカとの開戦を避ける道を探っていたのですから、日本は、だんだん追い詰められて開戦に至ったのであり、自分のペースで開戦したわけは無いことが明確です。東京裁判のA級戦犯の罪状がいうような戦争の謀議は、むしろアメリカのルーズヴェルト政権のほうが行なっていたのです。

3章　日米開戦から終戦へ

1．ハルノート――連邦議会にも知らせなかったルーズヴェルト

ハルノートと呼ばれるものは、昭和16（1941）年11月26日（アメリカ東部標準時、日本時間11月27日）野村・来栖―ハル会談で、ハル国務長官が、日本側から提示した乙案を拒否しながら手交したアメリカ側の提案ですが、この文書は名称がOutline of Proposed Basis for Agreement Between the United States and Japan（合衆国及び日本国間協定の基になる提案の概要）と書いてあり、また冒頭に但し書きとしてStrictly Confidential, Tentative and Without Commitment（厳秘　とりあえずのもので且つ拘束力なし）の記載があります。従って、これを最後通牒と見るかどうかは、その表題としては疑問があります。

ハルノートに至るまでに、日米共に幾つかの妥協案があり、最終的にアメリカから示された案が、このハルノートです。ハルノートには、幾つかの問題点があり、それを点検してみましょう。

「ハルノートは、最後通告かどうか」についてですが、これは上に述べたように、表題からして最後通告のような体裁を備えていません。一方、日米の交渉担当者たちは、ほぼ最後通告として取り扱っていたようです。しかし下記に述べるように、これは米国議会に提示されてもおらず、最後通告らしい名前を付けることができず、アメリカ政府が故意にそれらしくない名前を付けたのかもしれません。

上記にも書いたように、アメリカ議会に提示されてもおらず、ましてや承認を受けておりません。そのことを後で知った議員の中には、「それを知っていたら、対日開戦に賛成しなかった」と言った人もいます。

フーヴァー元大統領の回顧録『Freedom Betrayed』第40章の表題は、「Via Japan —— the Ultimatum（最後通告）」となっており、当時政治の実務に携わっていた人たちは、「最後通告」であると理解していたようです（注8）。

ルーズヴェルト大統領やハル国務長官は、ルーズヴェルトがアメリカ国民に盛んに他の戦争には参戦しないと一種の公約のように言っていたので、何とか日本から開戦させたいと思っていました。そして、日本をなるべく卑劣に見せるために、日本の真珠湾攻撃計画を暗号解読により知りながら、陸海軍の真珠湾守備司令官に知らせず、なるべく不意打ちを受けたように見せるよう努力していました。

なお、真珠湾の陸海軍の司令官は、職務怠慢として解任及び降格されましたが、クリントン大統領の時、議会で名誉回復されました。これは、当時のルーズヴェルト大統領が、攻撃を知りながら、わざと真珠湾の司令官たちに知らせなかったことを暗に認めていると解釈することもできると思います。

日本側で「ハルノート」と呼ばれるものは、アメリカでは、「10項目の提案（ten-point proposal)」と呼ばれています。

この「ハルノート」の本質ですが、ルーズヴェルトやハルは、これを日本が受け入れるとは思っておらず、アメリカもそれなりに日本との妥結の努力をしたというアリバイづくりに過ぎなかったと思われます。アメリカの軍部の首脳は、アメリカの軍備の状態は十分ではないと考えていたので、この時点で開戦に結びつくような内容の提案を日本にすることには反対でした。対日経済制裁をそのままにされていれば、いずれにしても日本は開戦せざるを得なかったと思います。それは、アメリカの軍部の首脳も認めています。

フーヴァー回想録に載っているハルノートの10項目（当然英文）を読んでいると、「アメリカ」または「日本政府」に続く動詞は、すべて「will」に先導されて書かれており、将来の話ですが、実行する時は示されていません。この実行する時が不明な合意案に同意すれば対日経済制裁は解かれたのか、その辺のアメリカの提案はどのようなものだったのかを論じた本を見たことがありません。記録に残っていない、いわゆるオーラルな部分は私にとっては大きな謎です。

それまでの日米交渉でも、またハルノートでも、満洲は中国（China）に含まれないと解釈しても妥当だと思われます。当時の日本政府や交渉担当者は、どう理解していたのか、東條首相にしても、満洲が含まれると解釈して、撤兵反対を唱えたのではないかと思います。よく父祖の血をもってあがなった満洲を易々と放棄できないと考えたことが出てきますが、アメリカが、中国に満洲を含めて考えていなかったとすれば、日本の国策を決定する前提条件としては、大きな誤解でした。

アメリカは、日本の外務省が使っていた暗号を解読し、日本がアメリカに提案する妥協案（甲案、乙案等）を事前に知っていましたが、例えば「四原則問題」を「四．原則問題」と訳すような誤訳もあり、日本の甲案の意図を実態以上に強硬であるという印象を抱いていました。

中国（国民政府）は、日米が妥結してしまうと自分たちは終わりだと考えており、日米妥結を妨害するロビー活動を非常に激しく行いました。ハル国務長官は、こういう活動をうるさく感じていたようで、彼ら（中国国民政府）にとって有効であったかどうかは分かりません。

多少サイドストーリーのようですが、開戦決定時の海軍軍令部長・永野修身氏の弁として「戦うも亡国、戦わずして降伏するのも亡国なら、戦って亡国のほうが、将来再起できる」という判断もあったことは、同じ海軍の軍人であった父も口にしておりました。

2．真珠湾攻撃——ルーズヴェルトの陰謀

第一義的には、在ワシントンの日本大使館の不手際によって、日本の宣戦布告のアメリカ政府への通告が、実際の攻撃より遅れた事により、ルーズヴェルト政府の議会や国民に対する「だまし討ち」の宣伝に使われてしまったわけです。

しかし、日本大使館での作業がスムーズに進んで、時間までに大統領府に宣戦布告を届けられていたら、アメリカ政府は、どう言おうと思っていたのでしょうか。それとも、必ず遅れるという確信が有ったのでしょうか。

しかし、一方アメリカ自身の諸々の戦争開始時の振る舞いを見ると、宣戦布告無しに始めた戦争のほうが、宣戦布告をして始めた戦争より遙かに多いという事実や、戦時国際法上からみても、日本が、不法であったとは言えないと思います。

一方、「日本の攻撃をルーズヴェルト大統領は事前に知っていた」、さらに極端には「日本の機動部隊のために道を空けて待っていたが、ハワイ守備部隊の陸海の司令官には、わざと知らせなかった」というストーリーを中心に書いた本が幾つかあります。

特に徹底しているのは、アメリカでは1999年12月に、日本では2001年6月に出版されたロバート・B・スティネット著の『真珠湾の真実　ルーズヴェルト欺瞞の日々（英語原文

『Day of Deceit: The Truth About FDR and Pearl Harbor』）です。著者のスティネット氏は、この本の著作のため、１９８６年に勤めていた新聞社を退職して資料の収集と執筆に従事したそうです。この本に従えば、少なくともルーズヴェルト大統領にとっては、真珠湾攻撃は奇襲ではなかったことになります。しかし、彼は、真珠湾攻撃を卑怯な奇襲だとして最大限に宣伝に利用しました。

また、１９３９年に、アメリカは日米通商航海条約を破棄しており、いつでも、宣戦布告に進む気構えを見せています。

3．日米海軍の激闘と相互のリスペクト——船乗り同士の絆か

アメリカ海軍は恐らく世界最強でしょう。そして、そのアメリカ海軍と空母同士の戦いを含む堂々の艦隊決戦を戦ったのは、世界中で日本海軍だけです。私の父・関野英夫は海軍の軍人であり、アメリカとの戦争の際は働き盛りであり、幾つかの激戦、特にガダルカナルを巡る激戦には参加し、米軍の艦艇を本当に間近に見ているのです。

そこで、その戦闘の一場面を、現呉大和ミュージアム館長の戸高一成氏が書いた『聞き書き日本海軍史』の中で父から聞いた話として採録されている一場面を引用して再現してみます。

同年（著者注・一九四二年）十一月十二日、比叡はガダルカナル島砲撃のためにガダルカナル沖に突入、待ち伏せていた米艦隊と衝突します。第三次ソロモン海戦です。（中略）このときの戦闘で何がすごかったといえば、「アメリカの駆逐艦がね、目の前まで突っ込んでくる。ブルワークから身を乗り出して下を見ないと見えないくらいまで肉迫してくる。アメリカの駆逐艦を上から見たようなかたちだ。あまりに近くて両方とも砲撃できないし、魚雷も撃てない。（中略）それにしてもアメリカ人はすごいなと思った。本当の突撃精神を見た。日本の駆逐艦はあんなには突っ込まないよ」。

戸高一成『聞き書き日本海軍史』（ＰＨＰ研究所）

私は、この場面を読んで、アメリカンフットボールで、フットボールプレイヤーとしては比較的小柄なランニングバックが、球を持って、相撲取りのような大きなラインマンやラインバッカーが待ち構える壁に頭から突っ込んで行く場面を思い起こしました。

一方、私の記憶では、私が小学生の頃、つまり戦後5～6年経った、１９５０年頃までには、父とアメリカ海軍士官との交際はできており、私たち家族をアメ車に乗せて郊外の観光地に連れて行ってもらったことがあります。それから50年程経って、私がサラリーマンを止めることにしてアメリカから帰る途中、ハワイにより、とうに引退してハワイに住んでいたその人を訪れて、しばし語り合ったものです。

父は自分の研究のため、アメリカに1年ずつ滞在した際、何かの研究会の座長を務めたバーク元大将（Arleigh Albert Burke）（注9）の知遇を得て終生、夫婦ぐるみの付き合いをしました。他にも、アメリカ海軍軍人とは多くの付き合いがありました。その様子からは、アメリカ海軍の軍人にも、日本海軍をリスペクトする気持ちがあった様に見えます。日本との戦いでアメリカ側の主将を務めたニミッツ（Chester William Nimitz, Sr.）元帥も、東郷元帥を尊敬していたと伝えられており、来日したときは、東郷神社に参拝に行ったそうです。

私の親戚には陸軍の方がいないので、陸軍同士がどうなのかは分かりませんが、海軍同士というのは、先ず船乗りである事、戦闘をするといっても、直接肉弾突撃をするわけではなく、大砲の弾道計算をし、砲を発射するので、あまり殺し合う感覚がないということも一因ではないかと思います。

4. ポツダム宣言——日本人は正確な内容を知らない

とかくポツダム宣言のような条約は、原文は外国語で書かれており、日本人で正確に理解している人は少ないのです。さらにポツダム宣言の場合、最初に発出されてから最後に落ち着くまで相互にやりとりがあり、元々の文案と、後でやりとりされた文案で、必ずしも矛盾がないとは限らず、完全に間違いの無い解釈ができている人は少ないのです。

そこで、ポツダム宣言に関する日米のやりとりを解説し、どういう問題点があるのかを明確にし、ポツダム宣言を正確に理解して頂こうと思い、この項目を書きました。

(1) ポツダム宣言 (Proclamation Defining Terms for Japanese Surrender)

1945(昭和20)年7月26日、ドイツポツダムにて発出。

署名者:米ルーズヴェルト大統領、中国国民政府蒋介石総統、イギリス首相チャーチル。

13項目からなり、初めの4項目は、連合国の強さを誇るような内容で、第5項から第13項が降伏条件です。第5項の書き出しが、下記が我々の条件であるとなっており、条件が5~13項に書いてあることが明確です。以下それら各項の内容を簡潔に説明します(完全な訳ではない)。

第6項:日本国民を欺いて、世界征服に走らせた指導者を排除すること。日本の指導者を無責任な軍国主義者と断罪している。この辺は、まだ戦争中の敵国に対する感情がでている。

第7項：新しい秩序が確立し日本の戦争をするエネルギーが破壊されたと信じられるようになるまで、連合国は定めた日本国の領土に駐留する。
第8項：カイロ宣言の条件が実行され、日本の主権は、本州、北海道、九州、四国と我々が決める小さな島に限定される。
第9項：完全に武装解除された日本軍人は、完全に武装解除された後に、平和で生産的な生活を送る機会を与えられるよう家庭に帰ることを許される。
第10項：我々は、日本人を奴隷にしたり、民族として破壊したりする気は無いが、我々の捕虜に冷酷な仕打ちをした者たちを含む全ての戦争犯罪人に対し厳しい処罰を与える。日本政府は、日本人の間の民主的な傾向を復活させ強める全ての障害を取り除かねばならない。基本的人権や言論、宗教、思想の自由が確立されなければならない。
第11項：日本は、その経済を維持し、一種の復興が許される程度の産業を維持することは許されるが、戦争のための再武装を可能にするようなものは許されない。この目的のため、原材料の支配とは区別される入手は許可される。結果として、日本が世界の貿易活動に参加することも許される。
第12項：これらの目標が達成され、日本国民の自由に表明された意志に従って平和的で責任のある政府が確立されれば速やかに連合国の占領軍は日本から撤退する。

第13項：我々は、全ての日本軍に無条件降伏を日本政府が今宣言し、そのような行動することについての彼らの誠意についての適切な保証をすることを宣するよう日本政府に求める。日本にとってのもう1つの道は、短期間での完全な破壊である。

(2) 日本からの最初の降伏受け入れ回答

1945（昭和20）年8月10日

バーンズ（James F. Byrnes）国務長官宛

一番重要なコメントは、ポツダム宣言を受け入れるが、下記の理解のもとにであるとして、下記の但し書きをつけたこと。

「この宣言は、天皇の独立国の統治者としての大権を損なうような如何なる要求も含んでいない」

つまり、国体の維持を確認したのであるが、これは、余計な確認であって、むしろやぶ蛇になってしまい、次に説明するバーンズ回答を引き出してしまったのです。

(3) バーンズ回答（Reply Japan's First Surrender Offer）

1945（昭和20）年8月11日スイス政府を経由して

重大な内容：「降伏した瞬間から、天皇および日本政府の国を統治する権限は、連合国最高司令官に従属し、降伏条件を履行させるために適正であると彼が見なした手段を取る」

これで国体は守られたのであろうか。それは、国体が守られるかどうかは、結局マッカーサーの腹1つということになったのです。

もう1つの重要事項（最後から1つ前のパラグラフ）：日本政府の究極的形は、ポツダム宣言に従って、日本国民の自由に表明された意思によって作られるとあり、何を言っているかは、ポツダム宣言を併せて読む必要があります。ポツダム宣言では、その第12項に同様の文面がありますが、それは、連合国軍の撤退条件の1つであり、日本が、日本国憲法制定時主権を持っていたかどうかとは全く関係ありません。日本国憲法制定は有効であると主張する人の中には、ここが根拠だと言う人がいますが、まったくピント外れな意見だと言わざるを得ません。

（4）日本の最終覚え書き（Japan's Final Note）

1945（昭和20）年8月14日

内容は、専ら降伏する日本の軍人の扱いで、バーンズ回答で触れられた重要事項に対しては反応していません。

ポツダム宣言の英語原文では、「日本軍の無条件降伏（unconditional surrender of the

Japanese armed forces)」と書いてあり、「日本の無条件降伏」とは書いてありません。当時の日本の指導者が、ここに気付いていたのか分かりませんが、日米両国の指導者たちは、「日本の無条件降伏」のごとく行動します。アメリカ側は、それが自国の有利になるので理解できますが、日本まで付き合う必要はないのに、完全に付き合っています。

しかし、マッカーサーの振る舞いは、日本の全てに君臨していたかのようで、彼は日本の全てが無条件降伏したと思っていたのかも知れません。更に日本人自体が、日本の全てが無条件降伏したと思っていたように見えます。無条件降伏したのだから、何をされても文句は言えないとまで言う人がいます。

この事実こそ、日本人の法意識の希薄さの証拠ではないでしょうか。これは、現在にも悪影響を残し、「日本は無条件降伏したのだから、何をされても文句は言えない」という人がいます。

5．広島・長崎への原爆投下――個人的な理由で大勢の人を殺戮

平成30年8月、NHKBS1で『悪魔の兵器原爆はなぜ誕生、科学者の闇』という番組が放映されました。私は、その内容に驚いたと言うよりも、こういう事に関しても従来「東京裁判史観」であったはずのNHKが、こういう非東京裁判史観にたったドラマを放映したことに驚

きました。

原爆の開発が、ナチに先に開発されてはまずいから、我々が先に開発しなければという発想で始まったのは頷けます。しかし、彼らは、ナチスドイツが原爆を開発できない、あるいは開発する意思を放棄した後にも開発を続け、日本も、ポツダム宣言の受諾に進みつつあった時に、広島、長崎に原爆を投下しました。本書は、彼らが、本来不必要になった原爆の開発と投下をなぜ行なったかを、これらに関与した人々の個人的利害や、宗教的「選民意識」まで掘り下げて考えて見ます。原爆投下に関与した人たちの話は、有馬哲夫氏が最近上梓された『原爆 私たちは何も知らなかった』（新潮新書）を非常に詳細に書かれていますので、私は、英米人、特にアングロ・サクソンの宗教的思想背景や、戦後、彼らが原爆投下をどう考えていたかという心理的側面について書いて見ます。

第一の側面は、原爆開発には巨額の開発費を投じ、かつ原爆開発という目的を明示しない形で使われたという事実です。「これだけの金を、しかも目的を明示しないで使ってきた。中途半端で止めたら、議会その他から追求されるのではないか」、「これだけの予算を、使途を明示しないで使った、使用もせずに終わったら、追求されるのではないか」などといった、ある意味個人的な利害がからんでいたのは間違いありません。そのことに責任があるのは、科学者もいれば、政治家もいます。

第二の側面は、マニフェスト・デスティニーの思想に代表される、白人、プロテスタントの「選民思想」です。要は、彼らこそ、神に選ばれた民である（裏返せば、黒人、インディアン、日本人などのアジア・アフリカ人などは神に選ばれた民ではなく、獣なみである）という思想で、トルーマンが言ったと伝えられる日本人の処遇についての言葉「獣には獣に合った扱いをすればよい」は、マニフェスト・デスティニーの思想から言えば当然の考え方です。

しかし、どんなに本を読んでも、そこには、「戦時国際法違反ではないか」という発想はみじんも見えません。

東京大空襲を行なったカーチス・ルメイ（Curtis Emerson LeMay）の戦術は、紙と木でできた日本家屋の弱点を突いて、ある区域の周辺部にぐるりと焼夷弾を投下し、その区域の住民を全員焼き殺すというものでした。原爆投下にしても、都市への大空襲にしても、軍人として当然の任務を果たしただけだというのでは、戦時国際法への考慮がまったく払われていません。

東京裁判のB級戦犯は、従来からある戦時国際法違反を犯した人が対象ですから、原爆投下の決定に関与したトルーマンなどの政治家や無差別爆撃を行なったルメイなどは、もし東京裁判ならぬワシントン裁判が行なわれていれば、間違いなく有罪それも死刑判決がおりていたものと思われます。なおカーチス・ルメイは、１９０６年のオハイオ州コロンバス生まれとのことで、そのコロンバスに住んでいたことがある私は、ちょっと残念な気がします。

では、終戦となり日本の占領を取り仕切ったGHQは、原爆投下についてどんな態度を執ったでしょうか。ウォー・ギルト・インフォメーション・プログラムも後半に入ってくると、その2大テーマの1つが、「原爆投下に対する日米での批判に、どう対応するか」でした。彼らも、原爆投下に罪の意識を持っていたことは確かでしょう。昭和23（1948）年3月3日付けで民間情報教育局（CIE）から出た文書の一部を紹介します（全文は拙著『日本人を狂わせた洗脳計画』の58～63ページに出ています）。

I　目的

1．ある一部の日本人が現在持っており、あるいは将来持つことが懸念される、広島と長崎への原爆投下が残虐行為であり、広島でのアメリカの復興計画は償いの気持ちから出たものであると理解する考え方に対する対策を講じること。

II　計画の基本に関する考察

1．現在入手可能な文書による情報によれば、超国家主義と（原爆投下を）残虐行為であるという考え方は、少数派として封じこめられている傾向がある一方で、直接的で正面攻撃的な情報攻撃は藪蛇となり、日本人大衆の多数意見を刺激し固めてしまう可能性があることに最大限の注意を払うよう指示されている（正面からの反論を控える）。

3．東條元首相の裁判と広島・長崎の「残虐行為」の話は、「戦争犯罪」計画の見出しの下にくるように適切に考えるべきであるというのが共通認識である（常に中和剤とともに報道する）。

上記のⅡの3の「常に中和剤とともに報道する」は、オバマ前大統領が来日した折、原爆の話の時にフィリピンの「死の行進」の話を引き合いに出したことに、今に生きていることが分かります。

そして、CIEのラジオ担当特別代表が昭和23年4月に広島に派遣されましたが、これは慰霊のためではなく、日本人の反応を探り、今後の対応を探るためであったと思われます。

また、「原爆死没者慰霊碑」の除幕式は昭和27（1952）年に行なわれていますから、昭和23年当時には完成しておらず、その文言が決まるまでに、アメリカに都合の良いものにする工作を行なう時間的余裕があったことから、その工作の可能性を探り、あるいは工作を開始した可能性もあります。

原爆死没者慰霊碑に刻まれた文言は、時々問題になりますが、日本語特有のあいまいさを許すものとなっており、「あやまちは、再び繰り返しませぬ」とは誰が誰に言っているのか、文言上明確でなく、結果として見事なアメリカ隠しになっています。

ＣＩＥが工作する時間は充分あったし、原爆投下の責任追求に対し、彼らが神経を尖らせていたことは、事実として確認されているので、この文言に彼らの意思が反映している可能性も十分考えられます。

なお、最近のアメリカでの世論調査によれば、原爆投下の正当性について、まだ正当であったと肯定する方が多いそうですが、男女別だと、女性は、否定的な人の方が多くなっているそうです。

6．条約違反のソ連の参戦――当然の権利を主張しない日本政府

日露平和条約交渉で、ソ連の「日ソ中立条約違反の侵攻」を言わない安倍内閣は、日本人特有の遠慮なのでしょうか。

日ソ中立条約（不可侵条約とも言われる）は、１９４１年4月13日署名、同4月15日効力発生し、相互不可侵、一方が第三国の軍事行動の対象になった場合の他方の中立などを定めた全4条の本文および満洲国とモンゴル人民共和国それぞれの領土の保全と相互不可侵を謳った声

明書からなっています。有効期間は5年、その満了1年前までに両国のいずれかが廃棄を通告しない場合、更に5年間自動延長（第3条）になります。

1945年4月5日、ソ連は延長しない（ソ連側は破棄と表現）と日本政府に通告（ヤルタ密約による）。同年8月8日、ソ連は突如ポツダム宣言への参加を表明しました。9日午前0時（ザバイカル時間）戦闘を開始、南樺太、千島列島、満洲国、朝鮮半島北部への侵攻を開始しました。上記の経過からして、ソ連は、効力停止の1年前までに廃棄を通告していませんから、明らかに条約に違反して侵攻したことになります。

交渉事で、自己に有利な事実を主張するのは常識ですが、安倍内閣は、このことを主張した形跡がありません。世界的には（条約を含む）法律上の自己に有利な点を主張するのは常識です。ゴーンもそれをやっています。そのこと自体は非難すべき事ではありません。日本人には、法（条約を含む）を自己に有利に活用するという意識がないのではないでしょうか。

さらに、ソ連は満洲で何をしたのでしょう。慰安婦問題など、満洲やベルリンでソ連兵がやったことを持ち出せば、日本に対する非難などは、吹っ飛ぶはずです。それとも、戦後にGHQが発した報道規制30項目の第6項の「ロシア（ソ連邦）への批判の禁止」と第12項「満洲での日本人の取り扱いについての批判の禁止」がまだ生きているのでしょうか。

（注8）フーヴァー大統領の上記回想録の832ページ、文書9　ダグラス・マッカーサーとの会話1946年5月4、5日の章に、「これらの会話（マッカーサーとの）についての説明は、ここにプリントされている。太平洋における第二次世界大戦（日本の全戦争）は、あの狂人の戦争に持ち込みたいという望みから起こったという率直な主張に特別な興味がある」という発言がある。あの狂人というのはフランクリン・ルーズヴェルトのことで、このことは、この回想録の編纂者ナッシュ（George H. Nash）の「編纂者の紹介」のページlxivにも出ている。

（注9）アーレイ・バーク：奇しくも、命日の1月1日は私の父と同じ。アメリカ海軍軍人、最終階級大将。「31ノットのバーク」の名で知られる。理由は、アメリカ海軍では、駆逐艦の艦隊行動時の最高速力は30ノットと決められていたところ、日本の艦隊を追跡時、上司に「ただいま31ノットで日本艦隊を追跡中」と報告したため。日本駐在時は、初めは、ひどい嫌日家だったが、後に大変な親日家に転じ、日本の早期独立と海上自衛隊の創設などに尽力し、勲一等旭日大綬章を受賞、彼の墓には、日本からの勲章のみが飾られているとのこと。

4章　東京裁判の非合法性と、アメリカの狙い

1．東京裁判——裁判を必要としたアメリカとWGIP

本章の「東京裁判」と次章の「日本国憲法」は、私が十歳の頃に父から戦時国際法違反として教えられたことです。これらの国際法違反について正当であるという認識は、もう日本人のDNAに染みついてしまったようなものです。

東京裁判は通称で、正式名称は「極東国際軍事法廷（International Military Tribunal for the Far East)」です。この東京裁判については、2つの視点から論じてみます。第一は、法的な視点、第二は、アメリカはなぜ東京裁判を必要としたかです。

私が数年前、日米関係の研究家としても名を知られているジム・アワー（James Auer）氏から聞いたことですが、アメリカで世論調査をすると、東京裁判の正当性については否定する人が多かったとのことです。

この裁判は、近代刑法の大原則である「遡及法の禁止」や「罪刑法定主義」に反し、さら

に、もっと基本的なことは、この法廷が、これらの罪を裁く法的権限を意味する裁判管轄権（jurisdiction）を有するかという弁護人の質問に、裁判長は、最後まで答えられませんでした。

また、アメリカあるいは占領軍が、この裁判に法的正当性を見いだせなかったことを自ら証明している文書があります。それは、昭和20年12月21日にGHQ幕僚部民間情法教育局（CIEまたはCI&E）の初代局長ケン・ダイク名で発行された極秘文書で、タイトルは「連合国最高司令官」となっています。その要点を下記に示します。

先ず初めに、「下記の情報計画は、戦犯容疑者の逮捕と裁判に関連して使用される」とあり、東京裁判に関するものである事が明示されています。次の「背景」の所で、A、B、C各級の戦争犯罪の定義が書かれ、A級とC級が遡及法であることが分かります。次の「目的」の所では、A、B、C、Dの四目的が書かれ、そのAで、「侵略戦争を行なうために、それを計画し、準備し、開始する謀を巡らすことで有罪と見なされた人々を罰する道徳的に正しい根拠があることを示す」となっています。ここでは、「道徳的に正しい根拠」と言っていますが、「法的に正しい根拠」とは言っていません。裁判なら、まず法的根拠を明確にすべきですが、それを言わずに、「道徳的根拠」と言ったことは、占領軍自身が、東京裁判の法的根拠を見いだせなかった証拠になります。例えば、殺人は道徳的に悪いから殺人犯が裁判に掛けられるのではなく、殺人罪が法で規定されているから裁判に掛けられるのです。

では、こんなに無理をしてまで、東京裁判を行なわねばならなかったアメリカの理由は何でしょう。私は、著書『日本人を狂わせた洗脳工作（ＷＧＩＰ）』（自由社ブックレット）で、「東京裁判は、ＷＧＩＰの一丁目1番地だ」とか、「東京裁判は、ショーウィンドーだった」と書きました。３期にわたるＣＩＥのＷＧＩＰ活動の主眼は、第2期になると、原爆投下に対する批判対策と東條英機の「東京裁判は勝者の裁きだ」という発言対策になりました。このプロパガンダの主力が、東京裁判だったのです。これも、ＣＩＥ文書の中で、はっきり書かれています。

2. 東京裁判の非合法性（アメリカの世論も否定した東京裁判の正当性）

昭和23年2月8日付けのＣＩＥ文書には、「広島、長崎への原爆投下や、戦犯裁判における東条元首相の証言に関して日本人が持っているか、あるいは持つかも知れない態度に対する対策としての情報あるいは何らかの活動を具現化したＷＧＩＰの第3期の活動を行なうことを提案する」となっており、２１８ページで紹介した3月3日付けのＣＩＥ文書にあるように、ＧＨＱが原爆投下に罪の意識を感じていたことが分かります。

いずれにしても、アメリカ自身が、本音としては、原爆投下は残虐行為であることを自覚していたことを示しており、東京裁判で、日本の戦争犯罪を作り上げたのも、この残虐行為を「中和」したい一心から出たものだと解釈することができます。戦犯にされた人たちは、アメリカの原爆投下の言い訳のために処刑されたのです。

さらに、東京裁判の法理論的な不当性から見て、A級戦犯などは、今は法的には存在せず、A級戦犯合祀の故に靖国神社への総理ほかの参拝に反対する根拠は、全くないといえます。戦犯の実質的否定は、昭和28年日本の国会に「戦犯赦免決議」が上程され可決され、旧戦犯に対する恩給の支給が開始されたことを見ても、日本が国家として、「戦犯」を犯罪人とみていなかったことは明らかです。それでも、戦犯云々と言う人は、正しい法意識がないと言わざるを得ません。

5章　日本国憲法

私には、日本で行なわれている、改憲・護憲の論争は、どちらも重要なことを論ぜず、いわばピント外れな議論をしているように見えます。そもそも「日本国憲法」というのは、民主的な環境の中で、合法的に制定されたのでしょうか。幾つかのおかしい点を列記します。

1．日本国憲法――制定時の非民主的環境と非合法性

当時、日本人は、一人として主権を持っていませんでした。主権を持たない人々が、独立国の憲法を制定できるのでしょうか。

戦時国際法43条では、「特別な事情がない限り占領地の法律は変えない」となっています。また、ポツダム宣言やバーンズ回答には、「憲法を変えろ」とは一言も書いてありません。

ＧＨＱが発した報道規制第３項で、「日本国憲法にＧＨＱが関与したことを報道してはいけない」とありました。今では、護憲派の人たちでも、日本国憲法の制定にＧＨＱが大いに関与したことは認めるでしょう。そして、それを批判どころか、関与を報道することも禁止されて

いたのです。これが民主的な環境と言えるでしょうか。護憲派の人に問います。護憲を論じてはいけないという規則の下で改憲されたら、何と言うのでしょうか。それと同じ事が、日本国憲法制定時に行なわれたのです。

当時、沖縄県民や奄美大島の住民は、日本に施政権がなかったため、国会議員を送り出すことができず、投票に参加することもできませんでした。ドイツが西と東に分かれていた頃、当時制定した憲法に相当するものには、「憲法」という名を付けずに、「ドイツ連邦基本法」と呼んでいます。ドイツ人というより欧米人は、法的な問題に潔癖で、そうしたのでしょう。日本人は、日本国憲法制定時の事情を知らないのか、知っていても気にしないのか、いずれにしても、いわゆるリーガルマインドが、ドイツ人や欧米人に比べて薄いですね。

日本国憲法有効論を唱える人の一部には、「これだけ放っておいたから有効になっている」と言う人もいます。つまり、無効は時効になっていると言いたいのでしょう。しかし、死刑に時効はありません。そもそも憲法に時効があるとは誰が決めたのでしょう。決める権限はあるのでしょうか。また、有効に転じたと言いたいなら、何時有効になったか言えるのでしょうか。

要は、9条がどうしたこうしたというような問題より、本当はもっと大事なことです。仮に時効で、今は有効だとしても、国家の基本法が非合法に決められたもので構わないのでしょうか。つまり、日本国憲法というのは非合法な存在だということです。

日本をよく知るアメリカ人の意見をご紹介します。アメリカのルイジアナ州生まれで、幾つかのアメリカの大学で学んだ後、名古屋大学や早稲田大学でも学び、すでに約10年日本に在住するジェイソン・モーガン氏が、２０１６年に出版した『アメリカはなぜ日本を見下すのか』の一節です。


いや9条だけではない。憲法自体がダメだ。

こんなものはさっさと破ってゴミ箱に投げ捨てた方がいいと思う。

現行の日本の憲法は、「日本国憲法」とは名ばかりで、正体はアメリカが作った憲法である。

（中略）それが2016年の現在まで続いているという事実は、誤解を恐れずに言えば、日本の恥である。

ジェイソン・モーガン『アメリカはなぜ日本を見下すのか』（ワニブックス）

皇室典範の改定にも、同じような論理が適用できます。

日本人は、現日本国憲法と皇室典範が、真に有効なのかどうかを、根本に遡って議論すべきです。例えば、これらが有効であるとするならば、何故、何時から有効なのかを、真面目に議論すべきです。これをせずに有効だとするのは、朝鮮軍の満洲への越境を「やってしまったのだから」として不問に付したのと同じではないでしょうか。

2. 護憲論の色々――安倍改憲案も護憲の一種

護憲論にも、その論拠には幾つか異なるものがあります。それを整理してみましょう。

(1) 宮沢俊義東大教授の、いわゆる革命説

これは、日本国憲法は、主権は天皇から国民に移った革命によって成立したものであり、帝国憲法とは継続性はないとする説です。

私は、この説に賛成するものではありませんが、宮沢教授が、この説を考え出した理由あるいは心情は理解できます。それは、帝国憲法の改定だとすると、その制定時の非合法性議論から免れることはできず、必ず無効論が出てきて、論破しがたいからだと思います。

但し、宮沢憲法論の弱点は、革命というが、その革命は誰が起こしたのか（革命なら日本人の誰かが起こさねばなりません）、権力は、天皇から国民へではなく、連合国最高司令官に移ったのではないかという問いに答えられない点です。

（2）議会で、あるいは枢密院で承認されているからという説

この時点で、議会だろうが枢密院だろうが、日本人は一人として、独立国の国民としての主権を有しませんでした。そのことは、ポツダム宣言の付属文書のようなバーンズ回答に明らかです。独立国民としての主権を持たない人たちが、独立国の憲法を決められるのでしょうか。

（3）一種の時効論

これだけ長く放っておいたから、つまり、誰も異議を唱えなかったから自動的に有効になっているという一種の時効論です。確かに、これは改憲派の不作為の怠慢であって、ジェイソン・モーガン氏には、「日本の恥」とまで言われています。

しかし、国の基本法が、そのような怠慢によって決まって良いのでしょうか。しかも、この日本国憲法とは、非民主的な環境の中で非合法的に決まったものです。

護憲派から見ると、最も揉めること無く、日本国憲法を正当化する方法だと思いますが、それでは、日本人の独立国民としての基本的な性根が問われます。

（4）安倍改憲論

最後に登場する護憲論は安倍改憲案です。そして、彼は改憲はこれで打ち止めだというよう

な発言もしています。そして、この案は、保守層の相当の部分から支持されています。しかし、これは護憲派からしてみれば、非常に楽に日本国憲法の根幹を崩さず正当性を確立する方法です。

私は、護憲派が何故、安倍改憲論に賛成しないのか不思議です。

3. 憲法の選択肢——不文法憲法も選択肢のうち

まず9条論議、あるいはもっと矮小化した9条○項論議は止めるべきです。こんなものは、本当の憲法論議ではありません。

日本の、そして日本人の憲法とはどう有るべきかを、本当に衆知を集めて論議すべきです。そして、世界各国の憲法がどうなっているかに加え、天皇とはどう有るべきか、どう規定するべきかも論議すべきだと思います。他国に作って貰った憲法は、本当に止めるべきです。具体的にどんな憲法にすべきかは、一切の制限無しに議論し合うべきだと思います。

ちなみに、帝国憲法に一旦戻る、日本国憲法を大幅に変更する等のほかにも、イギリスのような不文憲法にする手もあると思います。

6章　慰安婦問題

1．フィクションをばらまいた面々――日本ではほぼ収束も戦場は海外へ

そもそも慰安婦問題とは何か、私は、それはまず日本に「敗戦利得者」たちがいて、慰安婦問題を韓国に売り込み、国連に売り込んだのが発端だと思います。

「敗戦利得者」とは、占領軍によって行なわれた、東京裁判を初めとする日本人洗脳工作「WGIP」によって洗脳された日本人の間で一種の人気を博し、有名になったり原稿料を得たりした人や組織のことで、個人としては吉田清治氏、組織としては朝日新聞が代表的です。

また、日弁連は、日本国内においては、慰安婦問題について、あまり目立った活動を展開していませんが、ジュネーヴの国連の人権関係の委員会などに行ってみると、驚くほど多量の反日的な資料を、それらの委員会に提出しインプットしています。日弁連はNPOとしての資格で、このような反日的な活動を行なっているわけですが、このような活動が許されていることが不思議です。慰安婦問題は人権問題であると彼らは主張するでしょうが、実態は、政治・外

交の問題です。日弁連は果たして、そのような政治的活動を行いながら、ＮＰＯとして認められるべきなのかという疑問を持ちました。

何かの職能団体のようなものは、個々の会員は、自分個人の職業を、ある程度犠牲にして団体の役員になる気になる人は多くはありません。どうしても、何らかの政治的意図を持つ人が役員になり、自分が思う方向に、団体の意見などを引っ張って行ってしまう傾向があります。慰安婦問題に関して日弁連がやっていることは、まさにこういう事のように見受けられます。

他にも問題なのが、よく駐米日本大使などが、慰安婦問題に関して、「日本は何回も謝った」と言います。彼らは、何でも、先ず謝ればスムーズに行くと思っているのかも知れませんが、世界的な標準から言えば、謝るということは、悪いことをしたのを自ら認めていると理解されます。それとも、彼ら自身が、ＷＧＩＰにやられて、日本が悪いと思っているのでしょうか。いずれにしても、国益を害していることは間違いありません。

それと、「反日」にしか国のアイデンティティーを見いだせない韓国ですが、韓国人は、あくまで、日本人の敗戦利得者に煽られて、反日的慰安婦クレーマーになったので、自らそうなったのではありません。

日本国内では、２０１４年に朝日新聞がその慰安婦に関する虚偽報道を認め記事を取り消しましたが、それは、吉田清治が、その虚言を認めてから随分時間が経っています。また法廷においても、反日的慰安婦論者や記者が相次いで敗訴しているように、日本では「勝負あった」の状況になりました。

モンタナ州立大学准教授の山口智美女史は、共著書の『海を渡る「慰安婦」問題』(岩波書店)で、「『日本では「慰安婦」問題は勝利したので、これからの主戦場はアメリカだ』と右派はより強く主張するようになり、英語での発信が今まで以上に重要視されることになったのだ」と書いています。彼女は、これに類する発言を各所でしており、右派がこう見ていると言いながら、それを否定してないので、彼女自身もほぼそう見ていると言って良いでしょう。

未だに、反日的慰安婦論が幅を効かせているのは、国連の人権関係の委員会と、アメリカの特定の町などの地方自治体です。

我々のグループ『「慰安婦の真実」国民運動』は平成25(2013)年に結成された民間団体で、十数団体が加盟しています。ジュネーヴの国連欧州本部にある人権関係の委員会に、2014年、初めてかなり大がかりな視察団を派遣しました。私もその一員でした。

この時は、我々は、国連にNPOとして登録もしておらず、発言の機会も与えられないどころか、会議場からは、国連の職員によって追い出される始末でした。しかし、経験を重ねると共に、発言権も確保し、最近ではかなり積極的に我々の意見を国連にインプットしています。

『日本の歴史学者を支援するための公開書簡』は、2015年5月5日、オンラインの「人間性と社会科学ポータル H-Asia/H-Net」に、187人の日本研究者が発した声明です。この声明は、4月29日のアメリカ連邦議会の合同会議における安倍晋三首相の歴史的——日本の首相として初めての歴史的演説において提起された重要な案件について「大胆な行動を取るよう」呼びかけたものです。

特に、この声明は安倍首相に、日本の今日についての演説においてなした保証を実現するように強く勧めるものであるとしています。続けて、この前の戦争について、全面的に「日本悪者論」にたった彼らの主張を展開し、日本に謝罪を要求しています。また、靖国神社なども悪く見ています。

これは読者にとって不愉快であり、また反論を読んで頂けば、内容も推量できるので、本文の引用はしません。

2．オープンレターに対する保守からの本格的反撃

この声明に対し、『「慰安婦の真実」国民運動』が発した批判論文を掲載します。これは、加入13団体の賛同を得て2015年に発出したものです。基本的に発出した形のまま引用しますが、一部見やすいように表記を変更しています。

１８７人の学者による声明文に署名した人々に贈る批判文

「日本の歴史学者を支持するための公開書簡」署名者の皆様；

１８７人の学者（scholar）の方がた、そして、後に署名に加わった４６４名の方がた、貴方がたは、２０１５年５月５日に先ずオープンレターを発表され、そして同５月７日にＵＰＤＡＴＥＤ版（http://www.japanfocus.org/events/view/252）を発表されています。我々の批判文は、追加のステートメントが加わった５月７日のＵＰＤＡＴＥＤ版に対して出されたものであることを先ずお断りしておきます。

ＵＰＤＡＴＥＤ版は、その前書きが示しているように、安倍政権に対する批判、及び安倍首相に対する要望が主体となって書かれているように思われます。しかし、我が国は民主主義国であり、かつ議員内閣制の国であることを思い起こしてください。つまり、安倍政権に対する批判や要望は、日本国民に対するものと同等です。我々は、日本政府とは何の関係もない純粋な民間有志の団体です。しかし、究極的には日本国民に対して向けられた謂われなき批判や要求に対しては、我々の父祖から子孫を含む日本国民の名誉を守るために、事実に基づき論理的な反論を行う権利があり、かつそうすることは、我々の先祖や子孫に対する神聖にして厳粛なる義務であると考えています。
掲題の公開書簡に署名された皆様、我々の批判文を、学者として冷静に読んでいただき、その公開書簡の内容の是非を再検討されるよう要求します。

1．**批判の骨子**

このオープンレターの内容を詳しく読ませていただきましたが、政治団体による政治的声明であるならば許容されるとしても、学者の声明としては、必要とされる以下の科学的客観性を欠いており、後に詳しく理由を述べるように、このような科学的客観性を欠いた声明を発表されることは、人種差別的ヘイトスピーチと推測されても、やむを得ないような内容であることを、署名された学者の方にお伝えするとともに、世間に公表する次第です。

オープンレターが、**科学的客観性を備えていない4つの理由**

1．史実として指摘されていることについて、一切の検証が行われておらず、よって歴史研究にかかわる言論として必要な科学的客観性を備えていない。

2．貴方がたの主張に対する反証について、一切考究がされておらず、したがって、必要な科学的客観性を備えていない。

3. 日本を非難するに当たって、他国の例との比較が一切なされておらず、よって必要とされる科学的客観性を備えていない。

4. 法秩序の時代的変化を考慮せず、過去に合法的であったことを、現代の法的価値基準によって裁いており、よって歴史研究にかかわる言論として必要な科学的客観性を備えていない。

また、UPDATED版では、南京事件や靖国神社の問題に、言及されています。しかし、これらの問題は、上記の科学的客観性を備えた言論となっていません。そのため、とりあえず、始めに取り上げられた「慰安婦問題」についての問題点を書き、その後で、「南京事件」や「靖国神社問題」についての問題点を明らかにします。

・史実の検証についての具体的批判

貴方がたは、「日本軍の慰安婦の問題が、その大規模さ、軍による組織的な運営、そして植民地や占領地域の若く、貧困で弱い女性たちの不当なる利用によって（日本がやったことが）他と区別されるということを認めるよう安倍首相に要望する」と言っています。まず規模のことですが、貴方方は何を基準にそう言っているのですか、世界中のケースを定量的に調査されたのですか。

また軍の関与の話ですが、軍が関与せず、兵士各々に自由に性処理をやらせることを推奨するのですか、ベルリンや満洲でのソ連軍は何をしたか貴方方は検証しましたか。また、ベトナムでは、米軍や韓国軍は兵士の性処理の問題に関与しなかったのですか、ぜひお答えいただきたいと思います。

日本軍の管理とは、女性たちの安全や病気の防止、不祥事の防止等のために、善い効果を上げこそすれ、悪い点はありませんでした。貴方がたは、兵士たちに無軌道に性処理の行動をさせろと言いたいのですか。

また、貴方たちは「女性たちの不当な利用」と言っていますが、貴方たちがいう「不当な」とは、具体的に何を言うのですか。明らかにしてください。

また、貴方たちは河野談話他政府関係者の謝罪に言及しています。しかし、これらは、政治家による政治的発言です。政治家の政治的発言は、必ずしも真実を語っているわけではなく、外交上の配慮などの政治的要素が加わるのは当然で、学者による学問的事実の研究には使えず、また使うべきではありません。

また、貴方たちは、「慰安婦たちは（中略）その意思に反して募集され、多くの場合、日本の官憲や軍の要員が募集に直接関与した。彼女たちは、強制的な環境の中で、慰安所でみじめな生活を送り」と言っています。「意思に反して募集された」といいますが、軍は直接募集をしていません。業者が募集をし、親が家庭の事情のために、本人の意思に反して応募させたことはあったでしょう。当時の売春施設で働く売春婦の場合とまったく同じです。慰安婦の場合、新聞広告（業者が出した）などから見ても、月３００円が相場で、上等兵の30倍です。これに惹かれて自ら応募したケースもあり、また、親が応募させたこともあったというのが実情です。軍が募集に加担することも、いわんや強制することも、必要性がなく、ありえないことです。もし、これを覆す資料があったとすれば、ぜひご指摘ください。

一部慰安婦の証言に、警察に連れて行かれたとか、憲兵に連れて行かれたただとかいうことが出てきますが、当時、朝鮮に駐屯していた憲兵は４００名ほどです。また警察官の大部分は朝鮮人です。上記のように、まったく必要性の無い女衒まがいの仕事をするなどということは、軍、警察の規律からも許されませんし、そんな暇が有ったはずはありません。従って、こうした一部の証言は、極めて信憑性に乏しいものです。

「強制的な環境で、慰安所でみじめな生活を送り」と言っていますが、どういう観点で「みじめ」だったのですか。また、「戦地に送られた慰安婦たちの多くの出身地は、日本を除いて、朝鮮半島からであった」とも言っていますが、なぜ、「日本を除く」のですか。仮に、日本人女性の場合ならば「意思に反して募集され、慰安所でみじめな生活を送った」とした場合、それは問題ではないのですか。いずれにしても、慰安婦に関して、貴方がたが主張したいことに関しては、検証された具体的な証拠を提示してください。検証された具体的証拠なしの非難は、通常、誹謗中傷と言われます。

・**反証についての考察**

次に、貴方がたの主張に対する明白な証拠に基づく反証を示してみましょう。これら反証に関するご意見をぜひ聞かせていただきたいと思います。

1．貴方がたもご存じでしょうが、まず、米軍の正式報告書があります。それは、米軍の「慰安婦尋問記録Ｎｏ49」のことです。当時、日本の敵国であった米軍の公式報告書ですから、日本に有利なように脚色した可能性はありません。従って、信頼性が高いと考えられます。そこには、「慰安婦の女性は、単なる売春婦或いは、駐屯地について回る職業的女性である」と書かれ、また、時に兵士とともにピクニックに行ったり、レクリエーションをしたりしたと快適な生活の情景が書いてあります。

2. 次に、元慰安婦の文玉珠（ムン・オクチュ）という人の話を、元左翼活動家の森川万智子さんが編集した『ビルマ戦線楯師団の慰安婦だった私』という本に出てくる話です。森川万智子さんが、日本軍に好意的に話を脚色した可能性は有りません。この本の中で、文さんは、実家に多額の送金をしたこと、ダイヤモンドを買ったこと、最新流行の服を買ったこと、また、その貯金通帳には、日本で家が何軒も買える多額の残金が記録されていること、ラングーンの町で、その服を着て歩いて誇らしげな気持ちになったこと、日本人兵士の恋人がいたことなどが出ています。同僚も宝石を買い集めていたと出ていますから、これは彼女だけの特殊例ではないことが分かります。このような高額の収入を得ていたと推定される慰安婦が奴隷と言えるのでしょうか。彼女の記憶や話に、多少の不正確さがあったとしても、奴隷状態であったのに、このように発言することは考えられません。

3. （財）女性のためのアジア平和国民基金編の政府調査資料『従軍慰安婦』についてお話をします。ここには、日本の官憲が、慰安婦募集にあたって、違法なあくどいことをしないよう指導したり取り締まったりしたことがたくさん出ています。また、各地の出身者別の人数も出ています。ここに書いてあることを、皆さんは、どう理解するのですか。

4. オープンレター署名者の方達が言うような募集がなされとして、当時の朝鮮人の人たちは怒らなかったのですか。また、違法、不当な募集をしたのは誰ですか、当時、朝鮮の警察官は圧倒的に朝鮮人でした。その朝鮮人警官は、自分たちの姉妹や恋人が含まれていたかもしれない女性たちの違法・不当な募集や連行におとなしく手を貸したのですか。また、慰安婦の募集にかかわって1件の暴動も記録されていません。朝鮮駐屯の日本軍の暴動鎮圧のための出動記録もありません。この事実を、どう見るのですか。

5. 多数の朝鮮女性を強制的に募集したと言われるのは、1944～1945年であると思われますが、吉田清治氏が、慰安婦にするための韓国女性の拉致について語り始めたのが1982年、そして韓国で慰安婦問題に火がついたのは、1991年に朝日新聞の植村隆記者が、朝日新聞の大阪版に「元従軍慰安婦戦後重い口を開く」という見出しで記事を書いたのがその嚆矢です。そこには、元慰安婦の金学順さんの証言が含まれています。実際に多くの慰安婦が存在した可能性のある年から、植村の誤報によって韓国に火がつくまで約45年経っています。それまで、韓国政府やNGOが話題にしたことはありません。したがって、慰安婦の問題提起に、一定の政治性があると考えられませんか。その謎解きは、その時期に、日本人の反日家が主役となって、韓国の色々なところに行って、強制連行や性奴隷の話を煽り、火をつけて回ったのです。そこで、この架空の問題が、国際的な問題となったというべきです。

6．IWG（Interagency Working Group）の発見アメリカ政府が、クリントン、ブッシュ両政権下で8年かけて実施した大規模な再調査で、日本の慰安婦に関わる戦争犯罪や、女性の組織的な奴隷化の主張を裏付ける米側の政府／軍の文書は1点も発見されなかったことが明らかとなり、当時の米軍は、慰安婦制度を日本国内の売春制度の単なる延長とみていたとの結果が出ました。IWGの見解に対する、貴方がたの見解をお聞かせください。

このように、オープンレターの指摘する史実には、多くの反証があるにも拘わらず、オープンレター署名者の方達は、この声明の内容は正しいと言い続けるのですか。

・兵士の性衝動への対応という普遍的視野はあるか

次に、世界的視野で兵士の性衝動への対応をどうしていたのか、いくつかの例を挙げて、この問題に対する正しい対応をせずに、日本軍の慰安婦の問題をあげつらうだけになってしまった貴方がたの視野の狭さを、または意図して視野を狭くしている事実を指摘します。

1. ドイツや満洲におけるソ連軍のやり方：確かに、ソ連軍司令部は、兵士の性処理に関与しなかったと思われます。兵士がしたいように放置しました。貴方方は、日本軍が関与した関与したと非難します。では、日本軍の真逆であるソ連式のやり方を推奨されるのですか。ソ連軍兵士が何をしたか、学者である貴方がたが知らないはずはないでしょう。

2. ベトナムにおけるアメリカ軍のやり方と、韓国軍のやり方を、貴方がたは知らないのですか。知らずして、日本軍のことをあげつらうのですか。ベトナム人に聞いて見てください。そして、韓国は、ベトナムにライダイハンという混血の孤児を何人残したのか、学者である貴方がたが知らないはずはないでしょう。知らないとしたら、学者の名前を返上してください。

3. 日本を占領するために来日したアメリカ軍は、日本に来るや何を日本に何を要求したのか知っていますか。彼らが作ることを要求したのは、リクリエーションセンターです。リクリエーションセンターとは、スポーツジムのことではありません。一種の慰安所のことです。貴方がたは、このことを知らないのですか。学者なら、このことを研究されていて当然ではありませんか。

かくのごとく、問題は各国にあるにもかかわらず、日本のことだけを取り上げて論じる、この姿勢を何と言うのでしょうか。人種差別のヘイトスピーチと言う以外に思いつく言葉はありません。人種差別ではないと言われるなら、その理由を論理的に説明してください。

・売春は違法行為であるのか

慰安婦が売春婦にすぎないとしても、売春は悪である、日本軍は、軍の管理の下にそれを行ったと非難する人もいるかも知れません。その当時、売春は合法でした。それどころか、今でも、欧州の主要国では、売春は合法です。ただ、年齢制限があるだけであることを指摘しておきます。

・「歴史修正主義」という批判について

慰安婦問題について、貴方がたと異なる意見を言うと、かなりの確率で貴方がたから返ってくる言葉に、「歴史修正主義」という言葉があります。この「歴史修正主義」という批判は、歴史学として成り立たないことを明らかにします。歴史に関わる資料ないし証拠の新発見は頻繁になされ、そのたびに、今までの定説が否定され、新しい解釈や説明にとってかわられることはよく起こることです。つまり、歴史は修正されるものです。例えば、新しい遺跡や古代の遺物の発見によって、時代を区分する年代も、変わってくることは、よく見られることです。よって、歴史修正主義こそ歴史学の正しいあり方です。

・南京事件について

「南京事件」も、最近の学問的研究によって、その存在は否定され、中国国民党や共産党のプロパガンダであることが、学術的には明らかになっています。「南京事件」という言葉が生き残っているのは政治の世界だけです。貴方がたが、学者の立場で「南京事件」について言うのであれば、それは存在しなかった虚構の事件を前提としたものであると言わざるを得ません。

・靖国神社の問題について

靖国神社の問題は、貴方がたが、近代刑法を、どれだけ理解しているかを試す試金石になります。学者は知的レベルが高いはずです。ならば、遡及法の禁止と罪刑法定主義は近代法の基本原則であることを知っているはずです。極東国際軍事裁判（いわゆる東京裁判）のA級とC級戦犯は、これらの近代法の基本原則に反して訴追され刑を宣告されたのです。さらに、この軍事法廷に、これら、いわゆる戦犯を裁く管轄権があるのかという弁護団の問いに、裁判長は最後まで答えられませんでした。さらにA級戦犯訴追の基となっている認識に、日本が満州事変以来行ったことは「侵略」であるという認識があります。

この認識は、日本の内外で、日本の行為を悪であったとする認識の基本をなすものです。その認識の誤りを説明します。

この認識の国際法上の根拠は、パリ不戦条約（別名ケロッグ・ブリアン条約）の中で、「侵略戦争」が禁止されていることであると思われます。しかし、この条約では、「侵略」が定義されていないばかりか、アメリカやイギリスは、この条約を批准するに当たり、ある国が特殊権益を有する地域で、たとえ国外であっても武力を行使する権利を留保する旨宣言し、その地域がどこか、「侵略かどうか」を判断するのは、その国であるとも宣言しました。石井ランシング協定でも、アメリカは、中国の一部に日本の特殊権益を認めています。

オープンレターへの署名者の皆さん、学者であるなら、このような、近代刑法の基本原則や国際法に関する歴史事実をご存じでしょうね。

近代刑法の大原則の下で、そして、現実の国際法の下で、A級戦犯などは存在しません。従って、靖国神社の問題は、特定国の政治的プロパガンダの下にのみ存在するのです。貴方がたは、このプロパガンダに与するのですか。

・公開書簡の目的と異なる目的で署名した人々

最期に、このオープンレターが公表された直後、尾形美明、関野通夫、谷本直、茂木弘道、山口マリ、山本茂は、オープンレター署名者宛に本批判文と同じ趣旨の批判文を発信しました。それに反応した何人かの署名者や、別途コメントした人のコメントの中には、理の通らないものがいくつかありました。そのことに触れてみます。

1. 署名していないのにリストに載っていると回答した人が、UPDATED 版に依然として名が載っています。最終的に署名したのは正確に何人ですか。
2. 慰安婦問題に賛同して署名したわけではない、安倍内閣の最近の動向に反対するために署名したという人がいます。

3．不当に圧迫されている日本人の学者または言論人を支援するために署名したという人もいます。

2や3のケースの人は、それなら、その人が主張したい別の声明文を出すべきです。このオープンレターに便乗するのは、知的怠慢としか言いようがありません。

我々の指摘によって、このオープンレターに署名したのは誤りであったと気づかれた方は、署名簿からの削除の手続きを取られることをお勧めします。

さらに、署名者の中のアメリカ人の方達に申し上げます。我々はアメリカ人を敬愛しています。その最大の理由は、アメリカ人が最も尊重することの一つが公平さ（fairness）だからです。また、アメリカ国歌の最後に、（アメリカは）勇者の住むところ（the home of the brave）とあります。勇者は、過ちが分かれば、直ちに改める勇気も持っているはずです。

オープンレター署名者の中のアメリカ人の方、オープンレターが本当に公平な視点で書かれたのかを、もう一度点検してください。そして、間違いを発見したなら改める勇気をもってください。

上記が、我々が貴方がたに言いたいことです。貴方がたが真の学者であるなら、事実に基づく論理的な反論をすることが期待されます。もし反論ができないなら、貴方がたが署名したオープンレターは間違いであったと見なされることになります。

平成27年10月1日

「慰安婦の真実国民運動」代表加瀬英明ほか会員一同

彼らは、依然として「東京裁判史観」にドップリ浸かったままです。つまり、日本とアメリカ、日本と支那（中国）の戦いは、完全に日本が悪く日本が起こしたものであり、彼らは一切清廉潔白であるという前提に基づいて論じています。これは、その後出版されたフーヴァー元大統領の回想録である『裏切られた自由』などによって、完全に否定され、ＦＤＲ（ルーズヴェルト大統領）の狂気が、アメリカと日本の戦争を起こし、共産党の思惑が、日本と支那（中国）の戦争を起こし、継続拡大させたという主張のほうが正しいことが分かってきました。また、日中戦争の発端とされる盧溝橋事件は、日本と蒋介石政権を何とか戦わせたい共産党の策謀、真の戦争の発端である第二次上海事変は、完全に蒋介石側が起こした事変であることが事実に基づいて明らかになっています。

また、彼らは、自分たちの主張の根拠となる事実をあまり明確にしないか、あるいはその事実の検証をせず、反証を論破せず、自分たちの主張は間違いないという先入観のもとに、独断的な上から目線の主張を展開しています。

さらに、「軍隊や戦争における兵士の性」という本質的な問題には目を向けず、日本のみを目の敵に論じており、これこそが、真のヘイトスピーチです。

最後に、この公開書簡で彼らは使っておりませんが、いわゆるリベラル派が時々使う「歴史修正主義」という言葉をのさばらせてはいけません。過去の歴史をふり返っても、「修正」こそ進歩でした。「歴史修正主義」などという言葉に脅かされて、主張の鋭鋒を鈍らせるのは止めましょう。フーヴァー元大統領は、その回想録の中で、自らを「歴史修正主義者」と言っています。

7章　日本人と欧米人の法意識の違い

法意識を、どういう面から論じるかは色々あります。私は法律家でも学者でもありませんが、日本では、海外の企業との合弁契約や技術援助契約を顧問弁護士さんと検討・作成したこと、アメリカでは法務も私の管轄下にあったということで、やや法的な経験を有する程度です。ですから、「法意識」の問題も、学術的に論じるのではなく、実例から、どんな法意識を有していたのかを主に論じます。なお、ここでは条約も「法」の一種として考えました。

1．アメリカでは被疑者も堂々と——顔を覆わない被疑者

ある日、スーパーの出入り口で、（多分）私服警官に両腕を取られた若者とすれ違いました。顔にコートを被されるわけではなく、胸を張って堂々としていたので、両腕を拘束されていることに気付かなければ、何かの被疑者だとは気付かなかったでしょう。日本なら、コートか何かで顔が分からないようにしたはずです。またあるとき、テレビが刑務所の中に入り、囚人にインタビューしていました。その囚人は、実に堂々と、その主張をまくし立てていました。

これらを見て、よく言われることですが、欧米人は、罪に対して罰を、日本人は罪に対して恥を思うという説です。ですから、欧米人は、何か罪に問われれば、敏腕の弁護士を雇い無罪を勝ち取れば万々歳となるのです。

私がフランスとアメリカで最も頻繁に聞いた言葉は、「それは私のミスではない（英語：It's not my fault. フランス語：C'est pas ma faulte.）」です。この語は条件反射のように出てきます。これをあまりまともに受け取ってはいけません。欧米社会は責任追及が厳しい社会なので、その反作用として、言い訳文化が発達するのです。

一方、日本人は、何かと言うと「済みません」と謝ります。これも条件反射のようなもので、本心謝罪しているかは分かりません。そう言う意味では、欧米人と日本人は偽善的な面で五分五分だと思います。

少し異なる方向ですが、アメリカでは、褒め方あるいは謝意の表し方は良いと思います。私は、この褒める文化は見習おうと思いました。

2．朝鮮軍の満洲への越境と日本国憲法の非合法性の無視

満洲事変勃発時、朝鮮軍が、天皇の裁可なく、また参謀本部の命令も無視して、軍を国境外

に動かした事件がありました。朝鮮軍の司令官・林銑十郎（当時中将）は、天皇の裁可を得ずに軍を動かしたのですから、場合によっては死刑になってもおかしくなかったのですが、結局「やってしまった事だから」ということで、不問に付され、翌年には大将に昇進しました。

これは、日本国憲法の成立が非合法であるにもかかわらず、不問に付され、非合法であると言う声はほとんど起こらず、70年もそのままになってきたのだから有効であるという見方が優勢であり、一部には「平和憲法」とまで言われている情況と酷似します。

「やってしまった事だから」と、既成事実を法や原則より重要視するのは、日本人の欠点だと思います。

3．東日本大震災における津波とニューオーリンズの水害時の略奪の発生

平成23（2011）年の東日本大震災における日本人の秩序正しい行動は、世界中の賞賛の的になりました。異なる地方から来た空き巣狙いはいても、現地住民による店舗の略奪などはありませんでした。

一方、アメリカ・ニューオーリンズが2005年に起きた台風による水害で陸地の80パーセントが水浸しになったことがありましたが、略奪などがかなり発生したそうです。

結果として、日本人の順法精神が称揚されたのですが、私は、順法精神というよりは、倫理・道徳的に、「悪いことをすれば、自分が知っている、他の人が知っている、お天道様が知っている、だからしない」という考えからではないかと思います。これは、同じ地に長年同じ民族が住んで培われた精神であり、他民族の移民が増えれば、良い悪いではなく、このような精神は失われていくものと思います。私が「移民法」に反対する大きな理由です。

4．日露平和条約交渉で、ソ連の「日ソ中立条約違反の侵攻」を言わない安倍内閣

日ソ中立条約（不可侵条約とも言われる）は、相互不可侵、一方が第三国の軍事行動の対象になった場合の他方の中立などを定めた全4条の本文および満洲国とモンゴル人民共和国それぞれの領土の保全と相互不可侵を謳った声明書からなっています。有効期間は5年、その満了1年前までに両国のいずれかが廃棄を通告しない場合、更に5年間自動延長（第3条）になります。

既述の経過からして、ソ連は、効力停止の1年前までに廃棄を通告していませんから、明らかに条約に違反して侵攻したことになります。交渉事で、自己に有利な事実を主張するのは常識ですが、安倍内閣は、このことを主張した形跡がありません。

世界的には（条約を含む）法律上の自己に有利な点を主張するのは常識です。カルロス・ゴーンもそれをやっています。そのこと自体は非難すべき事ではありません。日本人には、法（条約を含む）を自己に有利に活用するという意識がないのではないでしょうか。

5．日本の現状の問題と解決策

江戸時代、治安を守る役人の数は、その人口に比し驚くほど少なかったそうです。これは、当時の日本人の倫理観の高さのなせる業です。

現在の日本人の劣化は、憂うべきレベルに達しています。列記すれば、政府の劣化（モラルハザードほか）、野党の劣化（政権担当能力なし、政府の劣化と裏腹）、実業家の劣化（経団連に国士なし、一流企業の品質不祥事）、官僚の劣化（数々の不祥事）、国民の国防意識の無さ、少子化と適切な対策なし、子供の虐待・殺害、皇統断絶の危機と無策などです。

一大原因は、生まれの怪しげな日本国憲法にあり、これは9条だとか一部の条文に有るのではなく、出生の怪しさという根本にあります。

ジェイソン・モーガン氏の言うように、このような日本国憲法は一刻も早くゴミ箱に棄てるべきです。処分したあとは、日本人の優れた感性や倫理観を生かせるコモンロー（common law）化することを一考すべきではないでしょうか。

日本は、明治維新でイギリスから幾つもの文物を導入しました。立憲君主制、議院内閣制、車は左の通行区分、駅での行く先表示（フランスは終点しか表示しない）等々ですが、法体系は、大陸系の成文法を導入しました。イギリス流のコモンローでも良かったはずです。ここで、根本的改革を考えないと、日本は絶滅への道を歩むのではないでしょうか。

それでも世界と付き合うにはどうすれば良いかですが、それは心配する必要はないと思います。日本人的な思考法をたくさん持った私が、３カ国で17年間、支障なく仕事ができたのです。郷に入っては郷に従え、これも日本人の特性です。

それより、国内の諸々を改革すべきだと思います。日本人は、今、存続の道を真剣に考えるべきだと思います。

おわりに

時代的には、紀元前から現代まで、地域的には、日本、アメリカ、ヨーロッパ、中近東そして多少ですがインドまでと、広い範囲にわたる話にお付き合い頂いた読者の方にお礼申し上げます。

自分でも苦労したのは、扱った時代も地域も広範にわたったため、ともすれば散漫になりかねないという問題です。そのため、最初3部構成だったのを、2部構成に改め、1部は2部の理解を深くするための序論、2部を結論めいた内容としました。

この「おわりに」を書き始める前に、和辻哲郎氏の『風土』を読み直し、その最後にある井上光貞氏の「解説」で、私は我が意を得たりと思いました。

井上氏は、「日本文化論は何をおいても、日本文化の中に埋没している立場や状態からは生まれてくることのできないものであり、言葉を換えて言えば、それは、日本文化とは異なる文化の伝統に身を置くとか、両者をも超越するような、国際的ないし学際的な立場に立つとかによってはじめて生まれてくると思う」と言います。

また、「事実優れた日本文化論が日本の歴史や文学や民族を専攻する日本人の学者によって書かれた例は稜々たるものであり、多くは、東洋史や西洋史の専門家とか哲学・社会学・人類学・政治学・芸術学などの研究者とか、ないしは外国人の学者によって著されたのではあるまいか」とも言っています。

さらに、「日本文化論は、日本の歴史や文学や民族をもっぱら追求するものの中からは生まれなかったのであり、日本文化を論じた文献は、まったく枚挙にいとまないが、自分の関心からすると、日本文化論で特に興味を感ずる1つは、他の諸民族の文化との比較において、日本文化を位置づけようとするものである」と結論づけています。

本書は、2部だけを読めば、「政治・外交論」であるように思われるかも知れませんが、1部で世界の歴史や宗教を扱っており、その中から、日本人の思考法を浮き立たせようと試みた一種の「(比較)文化論」なのです。

つまり、私が読者に提供したかったのは、とかく日本人に欠けている世界史的視野や一神教の考え方、そして法意識の違いなどの他の文化との違いの実態なのです。結局2部で主張していること——つまり戦後の色々な問題は、日本の文化に根ざす日本人の思考法から出てくる要素が多いということです。

私自身、本書で取り上げた国や地域のかなり多くの所に足を印し、かつ「文化の違い」を意識しつつ生活したので、自然に、井上氏が言うところの「他の諸民族の文化との比較において、日本文化を位置づけようとする」習慣が身に付きました。

「はじめに」でも触れましたが、私が（比較）文化論に興味を持ったのは、今から40年以上前1970年代の後半にフランスに駐在して、フランス人の部下と雑談をしたことがきっかけでした。その時は、フランスと日本の文化の違いではなく、イギリスとフランスの文化の違いについての話でした。その後、イランやアメリカに駐在し、さらに異なる文化を体験しました。そうした体験の集積を、この本に注ぎ込んだつもりです。

読者の皆様が、世界の中での日本を感じ取り、また法律に関する世界標準と日本人の意識の違いを理解されるのにお役に立てれば、著者として、この上ない喜びです。

関野　通夫

平成最後の月に

◆著者◆
関野　通夫（せきの　みちお）

昭和14年鎌倉市生まれ。

昭和39年東京大学工学部航空学科卒業後、本田技研工業株式会社入社。

工場勤務後、フランス５年半（技術部長）、イラン２年（合弁会社の代表）、アメリカ９年（ホンダ関連会社現地法人執行副社長、社長）として駐在。

その他、東アジア、ブラジルの海外生産活動の責任者を務める。

平成13年退職、実務翻訳に従事。

著書に『日本人を狂わせた洗脳工作（ＷＧＩＰ）』（自由社ブックレット）がある。


世界史で読み解く日米開戦「一神教」が戦争を起こす理由

令和元年５月24日　第１刷発行

著　者　関野　通夫
発行者　日高　裕明
発　行　株式会社ハート出版

〒171-0014 東京都豊島区池袋 3-9-23
TEL.03(3590)6077　FAX.03(3590)6078
ハート出版ホームページ　http://www.810.co.jp

定価はカバーに表示してあります。

ISBN978-4-8024-0075-6　C0021
乱丁・落丁本はお取り替えいたします。ただし古書店で購入したものはお取り替えできません。

印刷・製本　中央精版印刷株式会社

アメリカ人が語る

アメリカが隠しておきたい統一朝鮮《コリア》の悪夢

マックス・フォン・シュラー 著

ISBN 978-4-8024-0074-9 本体 1500 円

英国人捕虜が見た大東亜戦争下の日本人

知られざる日本軍捕虜収容所の真実

デリク・クラーク 著 和中 光次 訳

ISBN 978-4-8024-0069-5 本体 1800 円

「平和に対する罪」はアメリカにこそある

在米日本人学者が明かす「太平洋戦争」の真実

目良浩一 著

ISBN 978-4-8024-0061-9 本体 1400 円

なぜ秀吉はバテレンを追放したのか

世界遺産「潜伏キリシタン」の真実

三浦小太郎 著

ISBN 978-4-8024-0067-1 本体 1600 円

日本が危ない！ 一帯一路の罠

マスコミが報道しない中国の世界戦略

宮崎正弘 著

ISBN 978-4-8024-0073-2 本体 1500 円

大東亜戦争 失われた真実

戦後自虐史観によって隠蔽された「英霊」の功績を顕彰せよ！

葛城 奈海・奥本 康大 共著

ISN 978-4-8024-0070-1 本体 1600 円

大東亜戦争 日本は「勝利の方程式」を持っていた！

実際的シミュレーションで証明する日本の必勝戦略

茂木 弘道 著

ISBN 978-4-8024-0071-8 本体 1500 円